GOLDMANN
Lesen erleben

Buch

Sie bringen uns um den Schlaf, führen zu Schweißausbrüchen und Angstzuständen: Albträume. Oftmals sind es ähnliche Bilder, die uns im Schlaf verfolgen und nachts abrupt hochschrecken lassen. Doch selten wissen wir sie zu deuten. »Albträume von A bis Z« bietet Ihnen Erklärungs- und Lösungsvorschläge für über 300 Albtraummotive. Jeder Albtraum lässt sich an der Wurzel packen und vertreiben. Dafür muss man sich nur seine eigentliche Bedeutung klarmachen. Die im Albtraumlexikon gesammelten Traumdeutungen helfen Ihnen dabei, die positive Seite des Albtraums zu erkennen. Häufig besitzen schlechte Träume eine warnende Funktion. Unser Unterbewusstsein will uns auf verdrängte Sorgen oder belastende Erlebnisse aufmerksam machen. Nehmen Sie sich Zeit für Ihre Träume und hören Sie die versteckten Botschaften heraus! Ihr Schlaf wird es Ihnen danken.

Angela Wall

Albträume von A bis Z

Was sie auslöst und wie man sie vertreibt

Aus dem Amerikanischen von Stefanie Hutter

GOLDMANN

Alle Ratschläge in diesem Buch wurden von der Autorin und vom Verlag sorgfältig erwogen und geprüft. Eine Garantie kann dennoch nicht übernommen werden. Eine Haftung der Autorin beziehungsweise des Verlags und seiner Beauftragten für Personen-, Sach- und Vermögensschäden ist daher ausgeschlossen.

Dieses Buch ist auch als E-Book erhältlich.

MIX
Papier aus verantwortungsvollen Quellen
FSC® C014496

Verlagsgruppe Random House FSC® N001967
Das für dieses Buch verwendete FSC®-zertifizierte Papier
Classic 95 liefert Stora Enso, Finnland.

1. Auflage
Deutsche Erstausgabe Februar 2015
Wilhelm Goldmann Verlag, München,
in der Verlagsgruppe Random House GmbH

Originaltitel: The Nightmare Dictionary
Originalverlag: Adams Media, a division of F+W Media Inc., Avon
Umschlaggestaltung: Uno Werbeagentur, München
Umschlagmotiv: FinePic®, München
Redaktion: Dunja Reulein
Satz: Uhl + Massopust, Aalen
Druck und Bindung: GGP Media GmbH, Pößneck
CL · Herstellung: IH
Printed in Germany
ISBN 978-3-442-17480-5
www.goldmann-verlag.de
Besuchen Sie den Goldmann Verlag im Netz

Inhalt

Einleitung: Das nächtliche Poltern

Es geht uns allen so. Wir werden plötzlich von einem Furcht erregenden Ungeheuer durch eine dunkle Gasse verfolgt. Wir werden lebendig begraben, ringen verzweifelt um Atemluft. Wir fallen von einem unglaublich hohen Gebäude auf eine belebte Straße.

Und dann finden wir uns im eigenen Bett wieder, schweißgebadet. Wir sind zwar in Sicherheit, werden aber das Gefühl nicht los, dass wir gleich ersticken, verschlungen oder gedemütigt werden.

War ja nur ein Traum, sagen wir uns. *Ein böser Traum.*

Wir verbringen etwa ein Drittel unseres Lebens schlafend. Bei einer Lebenserwartung von 75 Jahren würden wir also 25 Jahre schlafen. Träume machen ungefähr 20 Prozent der Schlafdauer aus. Das heißt, wir träumen immerhin fünf Jahre lang!

Manche Träume sind wunderschön – wir treffen geliebte Menschen, erreichen Wunschziele, betreten eine wundervolle Fantasiewelt. Doch viele Träume sind finster, Angst einflößend und verwirrend. Fünf Jahre Albträume sind keine gute Aussicht.

»Es war nur ein Traum«, sagen wir Kindern, wenn sie aus einem Albtraum erwachen. Doch Albträume können sehr wichtig sein. Sie waren Inspiration für große Kunstwerke, sie halfen den Träumenden, furchtbare Tragödien vorherzusehen.

Wenn schöne Träume Hoffnungen und Wünsche widerspiegeln, offenbaren Albträume oft unsere tiefsten Ängste und Befürchtungen. Manchmal ist offensichtlich, was ein solcher Traum bedeutet – wenn jemand träumt, dass er eine Prüfung, auf die er sich gerade vorbereitet, nicht bestehen wird, spricht daraus die Angst, zu wenig gelernt zu haben.

Doch viele Albträume sind nicht so eindeutig. Wovor fürchte ich mich wirklich, wenn mich ein Ungeheuer verfolgt? Was hat der Traum von der nicht bestandenen Prüfung zu bedeuten, wenn die Schule schon Jahre zurückliegt? Manchmal bringen Albträume Dinge ans Licht, die wir in unserem Unterbewusstsein begraben haben.

Dieses Buch hilft Ihnen, Ihre Albträume zu interpretieren, mögen sie noch so bizarr sein. Sie lernen die verborgene Bedeutung häufiger schlimmer Träume kennen. Wenn Sie erst wissen, warum diese Albträume auftreten, können Sie damit Ihre Ängste im Wachzustand bekämpfen.

Sie werden auch lernen, Ihre Albträume mithilfe von luzidem Träumen in den Griff zu bekommen. Sobald Sie diese Technik beherrschen, werden Sie selbst mitten im schlimmsten Albtraum wissen, dass es ein Traum ist. Und was noch besser ist: Sie werden in der Lage sein, sich zu helfen und die Umstände zu verändern. Durch luzides Träumen lassen sich Ängste auflösen, während Sie noch träumen – ohne dass Sie dabei die Augen öffnen. Mit diesen Strategien werden Sie nachts nicht mehr schweißgebadet aufwachen und sich nicht länger vor Albträumen fürchten müssen. Sie werden sie vielmehr als aufschlussreiche und wichtige Reise in die Selbsterkenntnis begrüßen.

Teil 1

Albträume näher betrachtet

Mein Albtraum und ich

Durchschnittlich haben wir im Lauf unseres Lebens mehr als 100 000 Träume. Und zumindest einige davon sind Albträume. Schlechte Träume wirken nur allzu oft auch in den Tag hinein, machen uns schreckhaft oder müde. Wer besonders zu Albträumen neigt, mag oft gar nicht ans Schlafengehen denken.

Der erste Schritt im Umgang mit Furcht erregenden und verwirrenden Träumen ist das Verstehen. In diesem Kapitel lernen Sie zunächst die verschiedenen Kategorien von Albträumen kennen. Sie erfahren, welche bösen Träume besonders häufig sind und wie sie zu interpretieren sind. Vielleicht überrascht es Sie, wie weitverbreitet Ihre Albträume sind und wie leicht sich auch die bizarrsten Vorstellungen in erklärbare Einzelteile zerlegen lassen. Und schließlich werden Sie lernen, Ihre eigenen Albträume zu analysieren, auch die ungewöhnlichen. Wir stellen Ihnen uralte Methoden für die Auflösung von Träumen vor, welche sich über Jahrhunderte hinweg bewährt haben.

Haustiere träumen

Studien zeigen, dass alle Menschen träumen, aber nicht nur sie – auch Tiere! Alle Warmblüter (Vögel und Säugetiere) träumen, merkwürdigerweise sind Kaltblüter (Fische und Reptilien) die Einzigen, die das nicht tun.

Ordnen Sie Ihre Albträume zu

Nicht alle bösen Träume sind gleich. Wie lässt sich der Unterschied zwischen einem warnenden Albtraum und einem bösen Traum, der in Ihrem Unterbewusstsein gründlich aufräumt, erkennen? Sie werden vielleicht verschiedene Arten von Albträumen erleben. In diesem Abschnitt erfahren Sie mehr über die unterschiedlichen Arten, wie man sie erkennt und wodurch sie verursacht werden.

Befreiende Albträume

Furcht, Unsicherheit, Frustration und Angst müssen im Wachzustand oft unterdrückt werden, doch etwas in uns verschafft sich dennoch Gehör. Bedauern, Bedenken und Sorgen – Dinge, deren bewusste Verarbeitung uns zu schwierig ist – gehen direkt ins Unterbewusstsein und äußern sich in befreienden Träumen. Befreiende Albträume sind üblicherweise chaotisch. Sie haben keine logische Abfolge und sind für den Träumenden oft erschreckend oder nervenaufreibend. Wenn Sie verfolgt werden oder vor einer Gefahr weglaufen, handelt es sich meist um einen befreienden Traum. Experten meinen, das Monster oder der Dämon, vor dem Sie flüchten, stehe letztlich für Sie selbst. Wollen Sie, dass der befreiende Traum, der Albtraum, aufhört? Stellen Sie sich dem Teil Ihres Lebens, der Ihre Aufmerksamkeit erfordert, und diese schrecklichen Dinge werden Sie nicht länger nachts verfolgen.

Vergessen Sie nicht, sich selbst vor dem Schlafengehen wichtige Fragen zu Ihrem Leben zu stellen. Wenn Sie am nächsten Morgen Ihre Träume überdenken, sollten Sie irgendwo in Ihren nächtlichen Visionen eine Antwort auf Ihr Dilemma finden.

Heilende Albträume

Während viele Schlafexperten es für wichtig halten, dass Sie sich an Ihre Träume erinnern können, sagen andere, es wäre ebenso wichtig, sie zu vergessen. Francis Crick, ein Nobelpreisträger, der die Doppelhelix mitentdeckte, untersuchte mit Graeme Mitchison Träume. Die beiden stellten fest, dass Träume und Albträume für das Gehirn die einzige Möglichkeit sind, reinen Tisch zu machen und sich auf neue Aufgaben vorzubereiten. Sie meinten sogar, dass der Geist im Traum gewisse zwanghafte, beherrschende Neigungen löscht und beseitigt.

Träume ermöglichen auch die Berichtigung falscher Informationen – Fakten, die unser Bewusstsein verändert hat, um eine idealistische Sichtweise nicht zu gefährden. Es scheint beinahe, als müsse sich der Neocortex des Gehirns, in welchem Gedächtnisinhalte gespeichert werden, »entladen«.

Loslassen durch den Albtraum

Wenn Sie sich im Wachzustand über etwas Gedanken machen – etwa eine Beziehung, die am Ende ist –, haben Sie vermutlich auch Albträume darüber. Versuchen Sie nicht, diese Träume genauestens zu analysieren.
Lassen Sie los! Ihr Unterbewusstsein bringt das in Ordnung.

Sich wiederholende Albträume

Was lässt einen Albtraum immer wieder auftreten? Dafür können unterschiedliche Gründe verantwortlich sein. Ein Albtraum kann seine Wurzel in einem traumatischen Ereignis in Ihrem Leben haben. Wenn Sie so etwas durchmachen mussten, wird es vielleicht immer wieder vor Ihren Augen ablaufen, ob im Wach- oder Schlafzustand.

Möglich ist auch, dass ein Vorfall in Ihrem Leben, an den Sie sich nicht erinnern, Sie in Ihren Träumen verfolgt. Ihr Unbewusstes nimmt all das auf und speichert es, lässt es in Ihren Träumen ablaufen. Ihre Albträume können auf mehr als ein Ereignis in Ihrem Leben zurückgehen, vielleicht kann luzides Träumen Ihnen dabei helfen, sie auf einen früheren Vorfall zurückzuführen.

Einige Traumexperten meinen, dass ein immer wiederkehrender Albtraum dann eintritt, wenn die Seele etwas erkennt, was Sie bereits durchgemacht, aber noch nicht verarbeitet haben. Mit anderen Worten, darin könnte tatsächlich Reinkarnation zum Ausdruck kommen. Ein wiederkehrender Traum, sagen die Fachleute, kann einfach aus Erinnerungen aus vergangenen Leben bestehen. Ein traumatisches Ereignis aus einem früheren Leben könnte in Form eines Albtraums im jetzigen Leben auftreten.

Träume vom eigenen Sterben sind so gut wie nie Prophezeiungen. Wie wir noch sehen werden, bedeutet Sterben im Traum meist Veränderung, Übergang, Umbruch. Manchmal erinnert sich die Seele jedoch an ein früheres Sterben und erlebt es in Albträumen immer wieder neu, bis es vom Unterbewusstsein akzeptiert wird. Es ist, als sei man in einer

Zeitschleife gefangen. Ihr Geist erinnert sich daran, wer er in einem früheren Leben war, ohne dass Ihr Bewusstsein dagegensetzen kann, wer Sie heute sind.

Phobien aus einem anderen Leben

Ängste und Phobien können mit einer traumatischen Situation aus einem früheren Leben zusammenhängen. Wenn solche Empfindungen plötzlich auftreten, verursachen sie veränderte Bewusstseinszustände, ähnlich einem Albtraum, nur dass die Person, die das Trauma erlebt, in Wahrheit halluziniert. Sie könnten eine solche Erfahrung als Albtraum im Wachzustand ansehen.

Versuchen Sie nicht, diese Träume mit Fragen wie »Warum verfolgt mich das immer?« oder »Warum wache ich immer auf, wenn ich gerade sterbe?« zu analysieren. Geben Sie Ihrem Unterbewusstsein Zeit, die Erinnerung zu verarbeiten, dann wird sie einfach verschwinden.

Manchmal hilft es, mit einem guten Freund oder Verwandten über wiederkehrende Albträume zu sprechen. Durch ein solches Eingeständnis akzeptieren Sie die Existenz des Albtraums. Das kann die Belastung deutlich verringern und das Leben wieder leichter machen.

Verschiedene Albträume mit demselben Thema

Möglich sind auch Albträume, die zwar jedes Mal anders sind, aber dennoch ein gemeinsames Thema haben. So könnten Sie beispielsweise immer vor etwas weglaufen. Das kann einmal ein Tier sein, etwa ein Tiger, Löwe oder Bär, der Sie verfolgt. Ein anderes Mal werden Sie vielleicht von einem Bösewicht gejagt. Die Folge ist, dass Sie meist mit starkem Herzklopfen aufwachen.

Diese Träume können durch Stress in Ihrem Leben, manchmal sogar durch bestimmte Arten von Medikamenten hervorgerufen werden. Ihr Organismus versucht dann gerade, sich auf die Einnahme oder das Absetzen eines Medikaments einzustellen. Auch gesundheitliche Störungen können Albträume verursachen. Ihr Körper sendet Ihnen in dieser Form die Botschaft, dass Sie auf sich achten sollen.

Nachtängste

Sie schalten das Licht aus und machen es sich im Bett bequem, da zerreißt plötzlich ein fürchterlicher Schrei die Stille. Sie springen auf und stürzen ins Zimmer Ihres Sohnes, finden ihn völlig panisch und verwirrt vor. Sie beruhigen ihn, und er erzählt von einer fürchterlichen Szene, wie er zermalmt, stranguliert oder angegriffen wurde. Und fünf Minuten später ist der Traum vollkommen vergessen. Zurück bleibt nur seine Furcht.

Nicht ein Albtraum ließ ihn aufwachen, sondern eine Nachtangst. Solche lähmenden Träume sind noch intensiver und eindrucksvoller als Albträume. Wer Nachtängste erlebt hat, wird sie nie mit einem Albtraum verwechseln. Sie kommen bei Kindern zwischen drei und acht Jahren am häufigsten vor. Die meisten Kinder können sich gar nicht oder nur fragmentarisch an das erinnern, was sie so erschreckte.

Das unmittelbare Vergessen ist charakteristisch für ein Aufwachen aus tiefsten Schlafphasen. Wer etwa nach einem Krieg oder einem Überfall an posttraumatischer Belastungsstörung leidet, erlebt vermutlich auch Nachtängste.

Was sind die Symptome solcher Nachtängste?
Die Betroffenen sind kaum zu beruhigen und können sich am nächsten Tag meist nicht an die Traumbilder erinnern. Oft fürchten sie sich vor dem Schlafengehen, schämen sich für ihre Nachtängste oder empfinden Abscheu, leiden an Herzrasen, Schweißausbrüchen und Verwirrtheit.

Ernest Hartmann, Psychoanalytiker und Verfasser von *The Nightmare*, meint, dass Nachtängste manchmal familiär gehäuft auftreten, was auf eine mögliche genetische Anfälligkeit hindeutet.

Sie dauern gewöhnlich etwa 5 bis 20 Minuten und ereignen sich in einer der tiefsten Schlafphasen. Man weiß nicht, warum Nachtängste bei manchen Menschen bis ins Erwachsenenalter vorkommen, doch Hartmann fügt hinzu: »Bei manchen Erwachsenen mit Nachtängsten wurden phobische oder zwanghafte Persönlichkeitszüge beobachtet.« Es ist also möglich, dass Nachtängste in Familien mit ähnlichen Überzeugungen und Gedankenabläufen auftreten.

Die meisten, die unter ihnen leiden, sind nicht in der Lage oder nicht bereit, tagsüber starke Gefühle zu erkennen oder auszudrücken. Deshalb kommen Nachtängste auch bei Menschen mit posttraumatischer Belastungsstörung oder intensiver Stressbelastung häufiger vor. »Solche Nachtangst-Episoden können eine Art von Ausbruch unterdrückter Emotion ausdrücken«, sagt Hartmann.

Prophezeiungen durch Albträume

1865 träumte Abraham Lincoln, er hätte merkwürdige Geräusche aus dem Ostzimmer des Weißen Hauses gehört. Als er der Sache nachging, sah er, dass dort jemand aufgebahrt lag. Der Tote wurde von Soldaten bewacht, viele Menschen waren anwesend. Da das Gesicht des Toten bedeckt war, erkundigte sich Lincoln, wer er war. »Der Präsident«, antwortete eine der Wachen. Eine Woche später wurde Lincoln Opfer eines Attentats.

Über eine andere Prophezeiung wurde am 13. Mai 1956 in der Zeitschrift *Parade* berichtet: »Was die Wahl 1960 angeht, meint Mrs. (Jeane) Dixon, dass sie von der Arbeiterbewegung dominiert und von einem Demokraten gewonnen werden wird. Doch dieser wird während seiner Amtszeit ermordet werden oder sterben, wenn auch nicht unbedingt in seiner ersten Amtszeit.« Jeane Dixon sprach natürlich von John Kennedy. Auch wenn Frau Dixon bei anderen Dingen nicht richtig lag, blieb den Menschen diese Prophezeiung in Erinnerung. Sie verschaffte ihr Ruhm und Glaubwürdigkeit.

Bei einem Vortrag im Rahmen der Buchmesse in Miami erzählte die Schriftstellerin Anne Rice einmal die berührende Geschichte, was sie veranlasst hatte, *Interview mit einem Vampir* zu schreiben.

Sie hatte geträumt, dass ihre kleine Tochter an einer Blutkrankheit starb. Kurz darauf war bei dem Mädchen Leukämie diagnostiziert worden. Nach dem Tod ihrer Tochter schrieb Rice *Interview mit einem Vampir* in fiebriger Hast in nur drei Wochen nieder, als müsste sie sich von etwas befreien. Es ist vermutlich kein Zufall, dass Blut das Thema des Buches ist.

Im nächsten Traum geht es um einen Hinweis auf den Tod eines jungen Mannes. Der Traum trägt den Titel »Der Berghang«:

John und ich sitzen im Gras auf einem Berghang und schauen ins Tal. Ich weiß nicht wirklich, was wir dort machen oder wie wir dort hingekommen sind, aber das scheint im Traum keine Rolle zu spielen. Wir sprechen über Menschen aus unserer Collegezeit und über die verrückten Dinge, die wir damals anstellten. Plötzlich wendet er sich mir zu und sagt: »Es ist Zeit für mich, weiterzuziehen. Aber mach dir um mich keine Sorgen. Ich melde mich.«

Am nächsten Tag erinnerte ich mich an den Traum und legte ihn so aus, dass John sich nun bald melden würde. Er war sozusagen Nomade, verschwand, wenn ihm danach war, reiste durch das Land und besuchte Freunde, die sich immer freuten, ihn zu sehen. Ich überlegte, dass ich unsere gemeinsame Freundin Linda anrufen würde, die immer wusste, wo er sich aufhielt. Doch an jenem Abend rief Linda mich an, in Tränen aufgelöst. John war in der Nacht bei einem Autounfall ums Leben gekommen.

Mehrere Jahre später träumte dieselbe Frau, dass sie John auf demselben Berghang traf, mit ihm über alte Zeiten sprach und lachte. Dann sah er sie plötzlich an und sagte, er würde

»zur nächsten Ebene weiterziehen«. Seither sind 20 Jahre vergangen, ohne dass sie nochmals von ihm geträumt hätte. Scheinbar zog er wirklich »weiter«. An diesem Traum ist nichts zu analysieren. Er sollte als echte Botschaft von John verstanden werden.

Was John und den Traum vom Berghang angeht, hatte die Träumende keine Möglichkeit, seinen Tod zu verhindern. Doch manche Träume vom Sterben können als Warnung dienen. Wenn jemand beispielsweise träumt, das Flugzeug, das er am nächsten Tag nehmen wollte, würde abstürzen, und sich daher für einen anderen Flug entscheidet. Und dann hört er, dass tatsächlich etwas passiert ist. Solche Träume sind möglich, aber extrem selten.

Furcht erregende vorhersehende Träume entwickeln sich logisch, die Ereignisse treten in der richtigen Reihenfolge auf. Viele medial Veranlagte sagen, vorhersehende Träume würden immer in Farbe ablaufen und wären unglaublich lebendig. Hier ist noch ein interessantes Detail: Man muss nicht medial veranlagt sein, um solche Träume zu haben. Viele Menschen, die im Wachzustand mediale Fähigkeiten haben oder unglaublich intuitiv sind, haben niemals vorhersehende Träume, während andere, die solche Träume haben, in ihren Wachstunden diese voraussehende Fähigkeit nicht besitzen.

Die Zukunft kennen

Es ist unmöglich, die Zukunft einfach so, ohne jede Anstrengung, zu sehen. Träume sind ein guter Hinweis darauf, was geschehen kann, aber sie offenbaren nicht immer, was geschehen wird. Wir müssen sie selbst interpretieren und die Zukunft entsprechend gestalten. Das ist die sicherste Methode zum Erfolg. Mit ein wenig Übung werden Zeichen und Hinweise leichter erkennbar.

Vorhersehende Träume sind oft intensiv und können dem Träumenden schon durch ihre Art Angst machen. Wenn Kinder oder Jugendliche tragische vorhersehende Träume haben, fühlen sie sich oft irgendwie verantwortlich für tatsächliche Ereignisse. Daher versuchen sie, ihre medialen Fähigkeiten zu unterdrücken, und leben und schlafen von der Angst begleitet, dass sie wieder von einer Tragödie träumen könnten.

Vorhersehende Albträume können verwirrend sein, weil sie meist eine Warnung enthalten, der Träumende aber nicht immer ausreichend Informationen erhält, um handeln zu können. Haben Sie Geduld, wenn Ihnen so etwas passiert. Bitten Sie am nächsten Abend und am darauffolgenden vor dem Schlafengehen laut um Hilfe, sie wird kommen. Tun Sie schlechte Träume niemals als bedeutungslos ab. Wenn Sie beispielsweise eine Warnung erhalten, dass Ihrem Bruder im Auto etwas zustoßen könnte, sagen Sie ihm unbedingt, dass er beim Fahren vorsichtig sein soll. Auch wenn er Sie für verrückt halten sollte, werden Sie sich danach besser fühlen.

Inspirierende Albträume

Stephen Kings Buch *Sie* (Original: *Misery*) basierte auf einem bösen Traum des Autors. Frankensteins Monster entstand in einem schlimmen Traum, den Mary Shelley hatte, nachdem sie mit ihrem zukünftigen Ehemann über Reanimation diskutiert hatte.

Albträume können Angst machen, ja, aber sie können auch fantasievoll und kreativ sein. Scheuen Sie sich nicht, die Furcht erregenden Bilder tagsüber als Inspiration heranzuziehen.

Sich an Albträume erinnern

Viele Menschen möchten sich gar nicht an ihre Albträume erinnern. Doch wenn Ihr Unterbewusstsein Ihnen etwas mitteilen möchte, sollten Sie genau hinhören. Die Methode wäre, Träume sofort aufzuschreiben, wenn sie enden. Wenn Sie normalerweise nach einem Traum nicht aufwachen, fordern Sie sich versuchsweise vor dem Schlafengehen dazu auf. Man kann mit dieser Methode vier oder fünf Träume pro Nacht abrufen. Das Behalten von Träumen erfordert nur ein wenig Übung.

Untersuchen Sie Ihre Albträume

Albträume können eigenartig und unverständlich sein. Wo beginnt man mit der Auslegung? Häufig erhalten wir eine Zahl, wissen aber nicht, ob es sich um ein Datum, ein Zeitmaß oder sogar eine Geldsumme handelt. Mit den folgenden Methoden können Sie Symbole aus Ihren Träumen »übersetzen«.

Metaphern

Metaphern sind sprachliche Bilder, die bildhaft beschreibend wirken; wie etwa die Aussage »mit Arbeit eingedeckt sein«. Wenn Sie eine Metapher in einem Traum erkennen, kann das ein Hinweis auf die Bedeutung eines rätselhaften Bildes sein. Wenn Sie beispielsweise von Menschen in Ihrem Leben träumen, denken Sie darüber nach, wofür diese stehen. Wenn Bert im Büro gerne klatscht, könnte sich sein Erscheinen im Traum auf Klatsch beziehen.

Hier ist noch ein Beispiel. Eine Frau, die vor dem Schlafengehen Tarotkarten gelesen hatte, träumte, sie stünde in einer U-Bahn-Station vor dem Drehkreuz. Die Karte, die sie hineinschob, wurde nicht akzeptiert. Plötzlich hatte sie eine Hand vor sich, die eine leuchtend farbige Tarotkarte – Kraft – hielt, die sie dann in den Schlitz schob. Das Drehkreuz setzte sich in Bewegung, und sie konnte mühelos passieren. Sie empfand das Drehkreuz als Metapher dafür, dass in ihrem Leben etwas »vorwärtsgehen« musste. Die Karte »Kraft« verkündete gleichsam, dass sie über die inneren Ressourcen verfügte, eine Veränderung vorzunehmen. Tief in ihrem Inneren wusste sie, dass sie es schaffen konnte.

Edgar Cayce, ein medial veranlagter Amerikaner, sagte: »Alle Träume sind zum Wohle des Einzelnen, würde er sie nur richtig auslegen.« Einige wichtige Metaphern in Träumen sind etwa »im Dunkeln« (ein Geheimnis oder vor Ihnen verborgenes Wissen) oder »stürmische Wasser« (die meist auf eine zerbrechende Beziehung hindeuten).

Wortspiele

Manchmal kann man die Bedeutung eines Traums auch erkennen, wenn man ihn als Wortspiel ansieht. Wenn Ihnen beispielsweise Bob Hope (engl. hope = Hoffnung) als steinalter Mann im Traum erscheint, mag das skurril erscheinen. Betrachten Sie die Elemente des Traums als eine Art Wortspiel, ergibt sich eine Botschaft: Die Hoffnung stirbt zuletzt. Wenn ein bizarres Bild oder eine beliebige Person in Ihren Träumen erscheint, könnte sich die Bedeutung erhellen lassen, wenn Sie die Situation als Wortspiel ansehen.

Archetypen

Ein Archetyp ist ein Symbol oder Thema aus einer Ebene der Psyche, die allen Menschen gemeinsam ist. Carl G. Jung bezeichnete diese Schicht als das kollektive Unbewusste und meinte, dass jeder von uns zu diesen Symbolen und Themen seine eigenen, individuell gefärbten Assoziationen hat. Archetypen sind in Mythologie, Folklore und Religion vorherrschend. Der Held ist beispielsweise ein häufiges Thema in der Mythologie, das auf Formen der modernen Medien, etwa des Films, übertragen wurde. Archetypen beziehen sich immer auf eine höhere Bedeutung.

Betrachten Sie das Bild stets im Ganzen, bevor Sie ins Detail gehen. Wenn Sie die allgemeine Bedeutung eines Archetyps vollständig geklärt haben, fragen Sie sich, wie Sie zu dieser Bedeutung stehen. Erkennen Sie darin einen Sinn?

Auslegung häufiger Albträume

Wenn Sie das Albtraum-Lexikon im zweiten Teil dieses Buches durchblättern, werden Sie dort viele Wörter finden, die sozusagen zum Grundbestand Ihrer eigenen Albträume gehören. Forschungen deuten darauf hin, dass vermehrte Ängste im Wachzustand die Häufigkeit und Intensität von schlimmen Träumen erhöhen können. In Wahrheit dringen Albträume in Ihr Traumleben ein, um ungelöste Probleme aus dem Wachzustand zu verarbeiten. Einige häufige Symbole in ihnen sind Schusswaffen, Diebe, Gespenster, Dämonen, Ungeheuer und der Teufel. Diese Symbole haben für jede Person eine andere Bedeutung. Wichtig ist dafür der Kontext des Traums.

Schlangen

Lesen Sie den folgenden Albtraum und überlegen Sie, wie Sie reagieren würden. Versuchen Sie, bevor Sie die nachfolgende Erklärung lesen, selbst herauszufinden, was er bedeuten könnte und warum er auftrat. Der Traum ist mit »Schlangen« überschrieben:

> *Ich gehe durch hohes Gras, Gras, das meine Knie streift. Ich höre es rundum rascheln und gehe schneller, bestrebt, möglichst rasch die nahe Lichtung zu erreichen. Ich weiß, es sind Schlangen, die da rascheln.*
>
> *Das Rascheln wird lauter, wie eine Kakophonie von tausend Grillen, die sich nach Regen sehnen. Ich beginne zu laufen. Laufend erreiche ich die Lichtung und trete in ein Schlangen-*

nest. Sie sind überall, winden sich, gleiten lautlos, rasseln. Doch noch schlimmer als die Schlangen ist die Erkenntnis, dass ich barfuß bin und durch dieses Nest durchmuss, um hier wegzukommen. Also gehe ich. Und ich komme durch das Schlangennest, ohne gebissen zu werden.

In der antiken Kultur der Griechen und Römer waren Schlangen Symbole der Heilkunst. In der Bibel steht die Schlange für Versuchung und verbotenes Wissen. In Märchen ist die Schlange oft ein Betrüger – klug, aber heimtückisch. Das alte Symbol von der Schlange, die ihren eigenen Schwanz schluckt, steht für die Natur, die von sich selbst lebt und sich erneuert. Bei Jung gelten Schlangen als Archetyp und stehen für die Wahrnehmung der essenziellen Energie von Leben und Natur.

Die Frau, die diesen Traum hatte, war eben dabei, sich von einem katholischen Hintergrund zu lösen. Sie wollte Bereiche erkunden, die ihre Religion als häretisch bezeichnen würde. Also musste sie ihre Überzeugungen und Empfindungen zu der Zeit, als der Traum auftrat, auf diesen speziellen Archetyp anwenden. Was könnte er bedeuten?

Sie interpretierte den Traum so, dass die Beschäftigung mit dem Neuen ihr zwar Angst machte, aber sie würde sie ohne Schaden überstehen. Sie hatte das Gefühl, der Traum wolle sie in ihrer Überzeugung bestärken, dass diese Erkundung für ihre persönliche Weiterentwicklung ein notwendiger Schritt war.

Auf einer anderen Ebene meinte sie jedoch, der Traum beschreibe eine berufliche Situation, in der sie von einem

»Schlangennest« umgeben war – das Wortspiel deutete vermutlich auf bösen Klatsch hin. Weil sie von den Schlangen nicht gebissen wurde, schloss sie, dass das Gesagte ihr nicht schaden würde.

Auch wenn die Schlange als archetypisches Symbol angesehen wird, betraf die wichtigste Bedeutung in diesem Fall das Alltagsleben der Träumenden. Sie brauchte für die Auslegung des Traums keinen Psychologen. Sobald sie sich daran erinnerte und ihn aufgeschrieben hatte, begriff sie das Wortspiel. Sie wusste, worauf sich der Traum bezog. Achten Sie bei der Auslegung Ihrer Träume auf Ihr Bauchgefühl. Sie werden die Lösung finden. Garantiert.

Todesträume

Sie wachen schweißgebadet auf. Im Traum waren Sie auf der Flucht vor Räubern oder sogar vor dem Teufel selbst. Sie sollten gerade sterben. »Zum Glück bin ich aufgewacht!«, denken Sie. Sie wischen sich den Schweiß von der Stirn und erinnern sich an den alten Aberglauben, wer im Traum stirbt, würde auch im wirklichen Leben sterben.

Was für ein Unsinn! Glauben Sie das bloß nicht! Todesträume bedeuten kaum jemals, dass Sie oder eine Person, von der Sie geträumt haben, sterben werden. Manchmal sterben Menschen in ihren Träumen, träumen vom eigenen Begräbnis oder sehen den eigenen Leichnam von oben. Doch die überwältigende Mehrheit der Träumenden kann immer noch davon erzählen.

Der Teufel im Detail

Träume vom Teufel müssen nichts Böses heißen. In vielen Fällen bezieht er sich auf die Ehe. Wenn Sie verheiratet sind, steht der Teufel gewöhnlich für Ihre bessere Hälfte. Prüfen Sie, wie Sie im Traum zum Teufel stehen, und Sie werden begreifen, was Sie für Ihren Partner empfinden.

Es stimmt schon, dass Menschen in sehr seltenen Fällen von ihrem eigenen Tod träumen und wissen, dass er eintreten wird. Doch eines muss klar sein. In Träumen gibt es weder Zeit noch Raum. Eine Person kann beispielsweise von einem Verstorbenen heimgesucht werden, der versucht, sie mit der Vorstellung vom Sterben vertraut zu machen. Doch die Person im Jenseits hat keinen Zeitbegriff – der Tod kann in fünf, zehn, zwanzig oder dreißig Jahren eintreten. Wenn es sich um einen vorhersehenden Traum handelt – in logischer Abfolge und in lebhaften Farben –, dann bezieht er sich sehr wahrscheinlich nicht auf ein nahes Ereignis.

Nur selten kündigen Todesträume physisches Sterben an. Im folgenden Traum, in dem es um die Lebenden und die Toten geht, ist eher das zukünftige Leben der Frau Thema als ihr Tod. Die 45-jährige Laura hatte um einen Traum gebeten, der ihr bestätigte, dass die Dinge in ihrem Leben so abliefen, wie sie sollten. Laura hatte folgenden Traum, überschrieben mit »Theatersaal«:

Ich befinde mich in einem großen Raum, vielleicht dem Saal eines Laientheaters. Sowohl die Lebenden als auch die Toten sind hier versammelt, als handle es sich um einen Ort der Begegnung zwischen Welten oder Dimensionen. Eine Frau sagt mir, dass ich, wenn ich mein Geburtsdatum eingebe, alles über mich selbst oder mein Leben erfahren kann, was ich wissen muss.

Auch Personen, die sich sowohl in der Welt der Lebenden als auch der Welt der Toten bewegen, sind hier. Eine solche Frau erklärt mir, dass eines Tages das »Glas« an der Grenze zwischen Leben und Tod so durchsichtig sein wird, dass ich durchsehen kann.

Der Traum endet mit einer Brandschutzübung. Meine ehemalige Schuldirektorin steckt den Kopf zur Tür herein und kommandiert alle nach draußen.

Die Träumende war Hobby-Astrologin, der Verweis auf das Geburtsdatum war also für sie aufschlussreich. Sie interpretierte das als eine Botschaft, ein langfristiges Horoskop für sich selbst für das kommende Jahr zu erstellen. Außerdem hatte sie das Gefühl, es handle sich um eine klare Botschaft ihres Unbewussten, dass im Traumzustand alles, was sie wissen musste, verfügbar war; sie musste nur fragen. Sie war sich nun sicher, dass sie jederzeit auf ihr Unbewusstes zugreifen konnte und im Wachzustand bereits über Mittel verfügte, Fragen zu klären.

Als Laura ihrem Ehemann von dem Traum erzählte, meinte er, die Erwähnung des Geburtsdatums erinnere ihn an eine Art Akasha-Chronik in elektronischer Form, also an jenes »Weltgedächtnis«, in dem Seher wie Edgar Cayce angeblich lesen konnten. Die Träumende sah in dem »Glas«, welches

Lebende und Tote trennt, den Traumzustand. Der Brandschutzalarm am Ende des Traums war buchstäblich ein Weckruf, der sie wieder in den Wachzustand beförderte, damit sie sich an den Traum erinnern konnte.

Tod steht in Albträumen oft für Veränderung. Der Tod ist die allerletzte Metamorphose, der Übergang von einem Seinszustand in einen anderen. Im Tarot beispielsweise steht die Todeskarte nicht für Tod. Sie bedeutet Transformation – eine wesentliche Veränderung, die Sie von einer Lebensweise zu einer anderen katapultiert. In einem Traum hat der Tod gewöhnlich dieselbe Bedeutung. »Zu 99 Prozent sind Träume über das Sterben einfach Metaphern für große Veränderungen in Ihren Beziehungen, Ihrem Beruf oder Ihrer Persönlichkeit«, schreibt Stase Michaels in *The Bedside Guide to Dreams.*

Fragen Sie sich, wenn Sie vom Sterben träumen, ob ein Bereich Ihres Lebens großen Veränderungen unterworfen ist. Sind Sie dabei, sich scheiden zu lassen? Erwarten Sie ein Kind? Stehen Sie kurz vor der Hochzeit? Denken Sie an eine berufliche Veränderung? Alle großen Entscheidungen im Leben können Todesträume auslösen.

Weiterziehen

Wenn Sie von einem lieben Verstorbenen träumen, der sagt, es ginge ihm gut oder er würde nun weiterziehen, bedeutet das vermutlich, dass die Person Sie wirklich heimgesucht hat – und dass sie glücklich ist.

Oft sind Todesträume mit weiteren Symbolen verbunden. Ein Auto etwa ist in einem Traum die perfekte Metapher dafür, wohin Sie im Leben unterwegs sind und wie sich die Reise entwickeln wird. Für ein 16-jähriges Mädchen war ein Todestraum, in dem ein Auto vorkam, die Folge des Weggangs ihrer Familie aus dem Bundesstaat, in dem sie geboren und aufgewachsen war. Bei einem 48-jährigen Buchhalter wurde der Todestraum von einem beruflichen Wechsel aus einem großen Betrieb in die Selbstständigkeit ausgelöst.

Im folgenden Traum wies die Todessymbolik auf die veränderten Gefühle eines jungen Mannes für seine Freundin hin. Der Traum ist mit »Jahrmarkt« überschrieben:

Jan und ich besuchen einen Jahrmarkt, der in unsere Stadt gekommen ist. Sie wollte dort hingehen und benimmt sich wie ein Kind, isst Zuckerwatte, läuft von einer Attraktion zur nächsten, schleppt mich mit. Ich mag keine Jahrmärkte und würde lieber gehen. Sie möchte Achterbahn fahren, ich nicht.

Wir streiten vor allen Leuten, was mir sehr peinlich ist. Damit sie Ruhe gibt, lasse ich mich zu einer Achterbahnfahrt überreden.

Ich hasse Achterbahn fahren, alle schreien, Jan packt meinen Arm und schreit wie eine Fünfjährige. Während unser Wagen abwärtsrast, geht Jans Sitzgurt plötzlich auf, sie wird aus dem Wagen geschleudert. Ich sehe sie wie eine Rakete aufsteigen und weiß, dass sie es nicht überleben wird. Ich empfinde Erleichterung.

Beim Aufwachen war ich schockiert über meine Gefühllosigkeit und konnte nicht wieder einschlafen. Doch je länger ich wach dalag, desto klarer wurde mir, dass wir keine gemeinsamen Interessen mehr hatten, dass sie nicht reif war, dass die Beziehung für mich vorbei war. Sie zu beenden war nur noch eine Formalität.

Der Familienalbtraum

Traumlexika geben an, Träume über entfernte Angehörige hätten nicht immer etwas Gutes zu bedeuten. Von Cousins zu träumen, sagen manche Experten, weise auf Enttäuschung und Traurigkeit hin. Auch von einer freundlichen Korrespondenz mit Cousins zu träumen, bedeute demnach, dass es zu einem schweren Zerwürfnis in der Familie kommen könne. Träumt eine Frau von ihrer Tante, wird sie vermutlich bald schwere Kritik an ihren Entscheidungen und Handlungen einstecken müssen.

Träume über Tod und Sex in Zusammenhang mit Familienmitgliedern können jedoch ganz andere Konnotationen haben.

Ein Traum über den Tod oder Beinahe-Tod eines Familienmitglieds oder Verwandten kann, wie die meisten Todesträume, auf eine große Veränderung im Leben des Träumenden hinweisen. Der Traum dient als Informationskanal, wie aus dem nächsten Beispiel hervorgeht. Der Traum ist mit »Erscheinung« überschrieben:

Tante Pat, die ältere Schwester meiner Mutter, erscheint mir wie ein Geist in einer Ecke meines Schlafzimmers. Das Traumbild ist so deutlich, dass ich die Falten in ihrem Gesicht, das weiche graue Haar, die Form ihres Mundes erkennen kann. Sie spricht mit mir, aber ich kann sie nicht hören.

Plötzlich assoziiere ich diese Art von Erscheinung mit Geschichten über Verstorbene, die geliebten Menschen zum Zeitpunkt ihres Ablebens erscheinen. Ich möchte schreien, kann aber nicht, und bin schlagartig wach. Sekundenlang scheint das Bild meiner Tante wirklich in der Ecke zu schweben, genau wie im Traum. Dann blinzle ich, und die Erscheinung verschwindet. Vielleicht war sie auch gar nicht da, und ich hatte es mir nur eingebildet. Ich weiß es nicht.

Am nächsten Tag rief ich meine Eltern an und fragte, ob es meiner Tante gut gehe. Soweit sie wussten, ja. Ich vergaß den Traum, bis mir meine Eltern einige Tage später erzählten, sie hätten mit meiner Tante gesprochen. Sie war hingefallen und hatte sich die Hüfte angeknackst, genau an dem Wochenende, als ich von ihr geträumt hatte, und nun wollte sie zu ihrem Sohn ziehen.

Obwohl es zunächst nicht danach aussah, hatte dieser Traum darauf hingewiesen, dass die Tante vor wesentlichen Veränderungen stand oder diesen bereits ausgesetzt war. Zwar erscheint die Tante im Traum als eine Art Geist – was die Träumende dann als Heimsuchung durch die verstorbene Tante auffasste –, aber das stimmt nicht. Die Tante stand kurz davor, zu ihrem Sohn zu ziehen. Sie veränderte ihr Leben drastisch. Dies ist ein Beispiel für einen präkognitiven Todestraum. Die Frau sah im Traum die Tante sterben oder als Gespenst erscheinen; in Wahrheit stand die Tante unmittelbar vor einer einschneidenden Veränderung.

Albträume vom Fallen

Träume vom Fallen können Metaphern für die gefallene Frau oder den gefallenen Mann sein, für in Ungnade fallen oder für die Jahreszeit der fallenden Blätter, den Herbst. Ausschlaggebend für die Interpretation des Traums ist in erster Linie Ihre Lebenssituation. Sie kann auch davon abhängen, was in den 24 Stunden vor dem Traum passiert ist.

Eine verheiratete junge Frau träumte, dass sie von einem Gebäude fiel. Später wurde ihr bewusst, es könnte sich um eine Metapher für ihre Affäre mit einem verheirateten Bürokollegen handeln. Das Fallen stand, wie sie meinte, nicht nur für in Ungnade fallen; es symbolisierte auch, was mit ihrer Ehe geschehen würde, wenn ihr Ehemann von der Affäre erführe.

Ziemlich häufig beinhaltet ein solcher Traum ein Element, das den Bezug sofort deutlich macht. Doch in anderen Fällen kann die Bedeutung so unergründlich sein wie die Lösung einer komplexen mathematischen Gleichung. Sie müssen den Traum Stück für Stück analysieren und herausfinden, wie alles zusammenpasst.

Derek, ein Schauspieler, träumte, er säße in einem Cabrio mit seiner Agentin am Steuer. Sie brausten über eine Landstraße, als das Auto plötzlich in ein tiefes Loch geriet und schleuderte. Seine Agentin stieg auf die Bremsen, doch die versagten, und sie stürzten eine Klippe hinunter.

Diesen Traum könnte man in verschiedener Weise auslegen. Doch wichtig war nur die Interpretation, die für Derek Sinn ergab – weil sie ihm neue Einblicke in sein Verhältnis zu seiner Agentin erlaubte. Der Traum ging ihm ein oder zwei

Tage im Kopf herum, bis ihm schließlich klar wurde, dass er schon seit einiger Zeit das Gefühl hatte, die Agentin hätte ihn schlecht beraten und er könnte die Abwärtsspirale in ihrer Zusammenarbeit nicht mehr »bremsen«. Er beendete die Zusammenarbeit wenige Tage später – was für ihn wie ein Sprung über eine Klippe in einen unbekannten Abgrund war.

Was empfinden Sie?

Der Traumtherapeut Gayle Delaney empfiehlt zu beobachten, wie Sie sich im Traum während des Fallens fühlen. Stark verängstigt? Hilflos? Panisch? Oder ist das Gefühl angenehm? Wenn ja, in welcher Weise? Diese Antworten können auf die Bedeutung des Fallens hindeuten.

Schreiben Sie sozusagen zu Übungszwecken einen Ihrer wiederkehrenden Träume vom Fallen auf. Wenn er nicht lange zurückliegt, notieren Sie auch, was zu dem Zeitpunkt in Ihrem Leben passierte. Waren Sie an einem entscheidenden Punkt in einer Beziehung angelangt? War eine wichtige Partnerschaft im Wandel begriffen? Waren Ihre Kinder gerade ausgezogen? Hatten Sie davor regelmäßig zu Alkohol oder Drogen gegriffen? Interpretieren Sie den Traum. Achten Sie darauf, ob der Traum zu einer Entscheidung führte. Achten Sie auf die Aussage des Traums. Notieren Sie Folgendes:

- Datum und Zeit des Traums
- Die Handlung des Traums

- Ereignisse, die dem Traum unmittelbar vorausgingen
- Ihre Interpretation

Albträume über Prüfungen und Schule

Jim, ein selbstständiger Unternehmer, träumte, er würde zur ersten Unterrichtsstunde um acht Uhr eilen. Als er dorthin kam, teilte der Professor gerade die Hefte für die Abschlussprüfung aus. Er wusste, dass er den Unterricht im ganzen Semester nur einige Male besucht hatte und auf die Prüfung nicht vorbereitet war.

Jim hatte seinen Collegeabschluss zwar schon vor mehr als 20 Jahren gemacht, doch der Traum kam ein- oder zweimal im Jahr. Die Einzelheiten änderten sich kaum. Als er jedoch begann, den Traum aufzuschreiben und zu untersuchen, bemerkte er, dass der Traum gewöhnlich auftrat, wenn er sich um einen größeren Auftrag bewarb. Auch wenn er wochenlang an der Angebotserstellung arbeitete, empfand er die Vorbereitung selten als ausreichend.

Wie alt sind Sie in Ihrem Traum?

Interessant ist, welches Alter Sie in Ihrem Traum haben. Sind Sie im Schulalter oder in Ihrem derzeitigen Alter? Wenn Sie in Ihrem derzeitigen Alter sind, ist die Prüfung im Traum eine Metapher für etwas, das Sie zurzeit erleben.

Bei den meisten von uns haben Prüfungsträume ein ähnliches Format wie bei Jim. In *Deine Träume – Schlüssel zur Selbsterkenntnis* schreibt Ann Faraday, dass diese Träume meistens auftreten, wenn wir das Gefühl haben, wir würden von jemandem getestet oder geprüft, beispielsweise bei einem Vorstellungsgespräch. Jeder fühlt sich irgendwann unvorbereitet. Der Prüfungstraum reflektiert oft das ungute Gefühl, man wäre für eine Veränderung im Leben noch nicht bereit.

Achten Sie bei der Interpretation eines solchen Traums darauf, ob Sie im realen Leben einen wichtigen Termin einhalten müssen oder unter großem Druck stehen. Wenn nicht, dann prüfen Sie, ob Sie sich für etwas in Ihrem Leben nicht bereit fühlen. Vergessen Sie nicht, den Traum mit allen Einzelheiten in Ihr Traumtagebuch aufzunehmen.

Wenn Sie im Traum in einem Klassenzimmer sind, untersuchen Sie Ihre Umgebung und den Grund, warum Sie dort sind. Stehen Sie positiv zum schulischen Umfeld? Erkennen Sie die unterrichtende Person? Mit welchem Fach beschäftigen Sie sich? Häufig hat ein Klassenzimmer mit einer Phase des persönlichen Wachstums zu tun.

Eine 33-jährige Frau, die sich kurz zuvor einer Selbsthilfegruppe zum Thema Träume angeschlossen hatte, erzählte den folgenden Traum. Er war elf Jahre zuvor aufgetreten, als sie das College besuchte, und war für sie immer ein Rätsel gewesen. Sie fragte, ob jemand in der Gruppe eine mögliche Erklärung wüsste. Achten Sie beim Lesen besonders darauf, wie die Frau Foyer und Klassenzimmer beschreibt. Der Traum ist mit »Der nächste Schritt« überschrieben:

Meine Freundin Tanya und ich sitzen mit etwa einem Dutzend Menschen verschiedenen Alters und verschiedener ethnischer Abstammung in einem Foyer. Wir wissen nicht, warum wir dort sind. Nichts in dem Raum lässt mich erkennen, wo er sich befindet. Ich bin stark verunsichert. Ich gehe zum Informationsschalter und frage die Empfangsdame, worauf wir warten.

»Auf den Beginn des Unterrichts«, antwortet sie.

»Ich habe mich für keinen Unterricht angemeldet«, sage ich.

»Müssen Sie aber. Sie sind hier.«

Dann nimmt sie ihre vorherige Tätigkeit wieder auf, und ich kehre an meinen Platz zurück. Nicht viel später ruft sie mich und Tanya auf. Wir betreten einen Hörsaal wie im College. Er ist voller Menschen, durch ein Dachfenster fällt helles Licht. Die Farbe des Himmels ist eigenartig, ein sehr intensives Himmelblau.

Der Vortragende ist ein bekannter Literat, dessen Namen ich beim Aufwachen nicht mehr wusste, der aber jedenfalls einige Jahre vorher gestorben war. Plötzlich merke ich, dass der Unterricht auf das Jenseits ausgerichtet ist, dass ich auf das Sterben und alles darauf Folgende vorbereitet werde.

Mehrere Teilnehmer der Gruppe assoziierten den Traum sofort mit Berichten von Nahtoderfahrungen. Die Träumende stimmte dem zu, wies aber darauf hin, dass in der Zeit, als sie den Traum hatte, niemand gestorben war und sie selbst keinerlei Nahtoderfahrungen gehabt hatte. Zum Zeitpunkt des Traums war auch Raymond Moodys bahnbrechendes Buch *Leben nach dem Tod* zum Thema Nahtoderfahrungen noch nicht erschienen.

Doch der Traum festigte ihren Glauben an das Fortbestehen des Bewusstseins und rief ein lebenslanges Interesse für metaphysische Themen hervor. Der Traum kommt in regelmäßigen Abständen wieder, meist wenn sich ihre spirituellen Überzeugungen in einer Krise befinden. Aber er bestärkt sie stets neu in ihrem eingeschlagenen Weg.

Wenn ein Lehrer von der Schule träumt, kann die Bedeutung dagegen eher praktisch als symbolisch sein. Das war bei dem folgenden Traum der Fall, den Bharata erzählte, der 66-jährige Leiter des »Yoga & Inner Peace«-Studios in Lake Worth, Florida. Er träumte, er wäre als Lehrer allein für zwei gleichzeitige Kurse zuständig und müsste ständig zwischen diesen hin- und herlaufen.

Bei Bharata handelte es sich um seine Sorge, dass er zu viele Kurse abhielt. Er unterrichtete zwar gerne, doch bei zwei bis drei Kursen pro Tag hatte er schon überlegt, weitere Lehrer anzustellen, um die Belastung zu verringern.

Leben nach dem Tod

Träume vom Leben nach dem Tod sind schwer zu interpretieren, weil sie in neun von zehn Fällen in Wahrheit Abstecher ins Jenseits sind – Ausflüge, die unser Unterbewusstsein nicht als real anerkennt. Diese Träume sind ein Geschenk. Schreiben Sie sie auf.

Nacktheit im Traum

In *Deine Träume – Schlüssel zur Selbsterkenntnis* beschreibt Ann Faraday den Traum eines jungen Mannes, er stünde nackt vor einer johlenden Menge. Im Traum erheiterte ihn das. Wie waren die Umstände im Wachzustand? Er hatte kurz davor erste Erfahrungen mit Geschlechtsverkehr gemacht, für ihn bedeutete der Traum, dass er moralische Verbote überwunden hatte. »Hätten die Zuschauer im Traum Missbilligung gezeigt, hätte das auf Schuldgefühle hingedeutet; denn in der realen Welt hätten seine Studienkollegen sicherlich Zustimmung geäußert«, schrieb Faraday.

Träume, in denen Sie nackt sind, weisen auf das Bedürfnis hin, sich zu einer Sache zu äußern. Furcht, Hemmungen und klassische Fragen zur »Selbstentblößung« tauchen gleichzeitig auf. Entscheidend ist, wie Sie im Traum zu Ihrer Nacktheit stehen. Fühlen Sie sich gut? Frei? Verängstigt? Träume von Nacktheit beziehen sich nicht immer darauf, tatsächlich ohne Kleidung dazustehen. Manchmal fühlen Sie sich in einer Situation verletzlich, und diese Ängste äußern sich als Nacktheit im Traum und wirken gleichzeitig befreiend.

Wenn Sie sich in einem solchen Traum dumm oder verängstigt fühlen, fragen Sie sich im Wachzustand Folgendes:

- Vermeiden Sie es, ein Problem anzupacken?
- In welcher Hinsicht fühlen Sie sich schwach?
- Fühlen Sie sich angreifbar? Von wem?
- Wie können Sie dieses Problem beheben?

Stellen Sie sich dem Problem oder der Person direkt, und Sie werden sehen, dass es verschwindet. Sie werden sich besser fühlen, mehr Kontrolle über Ihr Leben haben. Lassen Sie sich von anderen nicht ohne den verdienten Respekt behandeln. Nacktheit in Träumen, in denen Sie sich entblößt fühlen, ist oft die Folge eines Gefühls der Unzulänglichkeit oder Unsicherheit in Ihrer Position.

Albträume über verlorene Brieftaschen, Schlüssel oder Aktentaschen

In Geldbörsen und Brieftaschen befinden sich meist Kreditkarten, Geld und Ausweis – lauter wichtige Dinge. Damit weisen Sie in der Gesellschaft nach, wer Sie sind. Schlüssel öffnen Türen, starten das Auto, gewähren Zugang zu Ihrem Heim und Ihrem Büro. Aktentaschen enthalten meist berufliche Papiere. Diese Dinge definieren Sie in gewisser Weise. Sie sind Ihre persönlichen Besitztümer – nur Ihre. Deshalb können solche Träume, wie Gayle Delaney meint, bei Frauen auftreten, deren Kinder vor Kurzem ausgezogen sind. Typisch sind solche Träume auch für Männer, die in den Ruhestand getreten sind oder ihren Job verloren haben.

Träume über den Verlust persönlicher Gegenstände treten häufig auf, wenn Menschen von einer Lebensweise oder Denkweise zu einer anderen übergehen. Das hängt mit einem Wechsel der sichtbaren Identität zusammen. Achten Sie sorgfältig auf solche Träume.

Der Verlust persönlicher Gegenstände kann auch auf mangelnden Einsatz in Ihrem Wirkungsbereich hindeuten. Wenn Sie meinen, Sie hätten wichtige Dinge nicht im Griff, kann sich das im Traum als Verlust persönlicher Besitztümer äußern.

Rechnungen, nichts als Rechnungen!
Wenn Sie vom Verlust der Brieftasche träumen, sollten Sie besser Ihre Rechnungen durchsehen! Ihr Unterbewusstsein weiß, dass eine Zahlung fällig ist, und reagiert besorgt.

Ein anderer Faktor kann sein, dass Sie meinen, Sie würden sich im realen Leben nicht hinreichend um finanzielle Verpflichtungen kümmern. Der Verlust einer Geldbörse oder Brieftasche im Traum zeigt manchmal, wie Sie Ihre finanzielle Situation empfinden. Prüfen Sie genau, worum Sie sich kümmern und worum nicht. Sehr wahrscheinlich werden Sie die Lösung bald finden.

Reisen in Albträumen

Ein schlimmer Traum zum Thema Reisen könnte auf Sorgen bezüglich einer bevorstehenden Reise hindeuten. Wenn Sie keine Reisepläne haben, kann die Traumreise symbolische Bedeutung haben. Achten Sie besonders auf Einzelheiten der Reise. Wohin reisen Sie? Reisen Sie alleine oder mit anderen? Haben Sie Gepäck dabei? Bedenken Sie, dass Ereignisse während der Reise wichtiger sein können als das Ziel.

Ein Zeitungsreporter namens Jerry erzählte den folgenden wiederkehrenden Traum. Dieser Traum ist mit »Fehlende Verbindungen« überschrieben:

Ich fahre in einem fremden Land mit dem Zug, und wir müssen umsteigen. Ich weiß jedoch nicht mehr, wo mein Gepäck ist. Ich suche überall und weiß, dass ich mich beeilen muss, damit ich den Anschlusszug nicht verpasse. Manchmal stehe ich ohne Gepäck, welches noch im ersten Zug ist, auf einem Bahnhof. Meist wache ich auf, bevor ich weiß, wie es weitergeht.

Nach einem Gespräch mit Freunden sah Jerry in seinem Traum zwei mögliche Bedeutungen. Bei beiden entsprach die Reise seinem Job. Er war zwar nicht viel auf Reisen, seine Arbeit setzte aber gute Verbindungen voraus, welche Informationen für seine Artikel lieferten. Er hatte Angst, dass er mit seinen Quellen nicht in Kontakt treten könnte oder auf ein Interview nicht ausreichend vorbereitet sei. Sein Gepäck stand für seine Vorbereitung auf das Interview.

Die andere Interpretation drehte sich um seine Zukunft als Reporter. Jerry war der ewigen Jagd nach »Storys« müde, er wollte sich beruflich verändern. Doch er befürchtete, dass er für einen Wechsel nicht bereit sei und es nicht schaffen würde, eine neue Karriere zu starten.

Albtraum verpasster Anschluss

Wenn Sie in einem Angsttraum immer wieder auf Reisen den Anschluss verpassen und Ihren Freund oder Ihre Freundin deshalb nicht treffen können, drückt das Beziehungsängste aus. Fragen Sie sich, was der Grund dafür sein könnte, und denken Sie über die Partnerschaft nach.

Albträume über verlorene Zähne

Ein Traum, in welchem Sie Zähne verlieren, sagt etwas über Sie selbst aus. Er könnte ein Gefühl des Kontrollverlusts widerspiegeln – als hätte Ihr Leben keine Ordnung mehr. Weil der Verlust von Zähnen oder Haaren so natürlich ist und wirklich jedem passieren kann, macht Ihr Unterbewusstsein im Traum daraus eine sehr reale Möglichkeit. Doch es handelt sich um eine Metapher.

Ann Faraday merkte an, dass ihre eigenen Träume über Zahnverlust »fast immer ein Gefühl widerspiegeln, ich hätte während des Tages ›das Gesicht verloren‹ oder mein ›Image beschädigt‹; gewöhnlich durch das Zeigen von Angst oder Schwäche«. Edgar Cayce betrachtete Träume von verlorenen Zähnen als Metapher für lockeres oder unbedachtes Reden. In so einem Fall könnten Sie etwa bereuen, über jemanden Klatsch verbreitet zu haben. Angeblich haben Frauen häufiger solche Träume als Männer.

Warum träume ich immer wieder von »ausfallenden Zähnen«?

Wenn dieser Traum immer wiederkommt, stecken Sie in einem bestimmten Muster fest, weil ein ungelöstes Problem in Ihrem Leben außer Kontrolle geraten ist. Finden Sie heraus, worum es sich handelt. Verbreiten Sie Klatsch über jemanden? Wissen Sie nicht, wie es beruflich weitergehen soll? Machen Sie Ihre Hausaufgaben, Sie werden eine Antwort finden.

Wenn die vorgeschlagenen Interpretationen des erwähnten Traums für Sie keinen Sinn ergeben, fragen Sie sich, was Zähne für Sie bedeuten. Stehen sie für Einfluss? Für ein ansprechendes Äußeres? Aggressivität? Was erzeugt das Gefühl der Zahnlosigkeit? Haben Zähne für Sie symbolische Bedeutung? Es ist wichtig, dass Sie sich diese Fragen stellen.

Machen Sie sich keine Sorgen, wenn Sie ab und zu einen dieser häufigen befreienden Träume, etwa über Nacktheit, Reisen, den Verlust persönlicher Besitztümer oder Prüfungen, haben. Das geht uns allen so. Interessant ist, dass sich häufige Traumthemen zweifellos im Laufe der Zeit verändern, wie die Gesellschaft selbst auch. Für die Kinder von heute sind vielleicht Entführungen durch UFOs und Aliens, Computerabstürze, Wetterextreme, Flugzeugkatastrophen oder andere häufige Schlagzeilen Themen. Doch die Botschaft bleibt gleich. Solche Angstträume werden nicht aufhören, bis Sie die Wurzel des Übels beseitigen. Tun Sie das noch heute!

Albträume analysieren und auflösen

Fragen Sie eine Dreijährige nach ihren Albträumen, und sie wird vermutlich von schrecklichen Tieren berichten – Feuer speienden Drachen, wilden Wölfen oder gefährlichen Löwen –, die sie verfolgen.

Häufig können bei Kindern Albträume auftreten, wenn sie von den Eltern gescholten oder bestraft wurden. Sie kommen auch vor, wenn ein Kind krank oder in einer Übergangsphase ist – während der Scheidung der Eltern oder bei einem Umzug beispielsweise. Manchmal scheinen sie ohne externen Grund aufzutreten, doch irgendetwas steckt meist dahinter. Wenn Sie vorsichtig nachfragen, kommen Sie der Wurzel des Albtraums meist auf die Spur.

Doch die Albträume verändern sich, wenn die Kinder älter werden. Bedrohlich sind nun nicht mehr Tiere, sondern eher Raufbolde in der Schule oder Kinder aus der Nachbarschaft. Diese Träume haben oft mit realen Ängsten der Kinder zu tun.

In *The Bedside Guide to Dreams* beschreibt Stase Michaels die unterschiedlichen Arten von Albträumen, die bei Erwachsenen häufig vorkommen. »Bei der ersten Art haben wir es mit realen Ängsten zu tun. Bei der zweiten setzen wir uns mit Schmerz und Trauma in uns selbst und in unserem Leben auseinander. Die dritte ist die häufigste Art von Traum, sie kommt in dem Satz ›Ich bin dem Feind begegnet, ich bin es selbst‹ gut zum Ausdruck.«

In dieser letzten Art von Albtraum treffen wir auf einen Teil unseres Selbst, den wir lieber nicht sehen würden. Die Person, das Ereignis, auf die wir im Traum reagieren, sind uns allzu vertraut, denn sie spiegeln ein Element unseres Selbst wider, das besser verborgen bliebe.

Manchmal sind solche Albträume echte Warnungen – bezüglich Gesundheit, Beziehung oder Karriere. Doch bevor Sie vorschnell folgern, Ihr Traum wäre eine echte Warnung, schließen Sie die anderen Möglichkeiten aus.

Achten Sie auf Metaphern. Untersuchen Sie den Traum auf Hinweise, dass es sich um einen Aspekt Ihrer Persönlichkeit handeln könnte, von dem Sie nichts wissen wollen. Seien Sie ehrlich. Stellt er eine Ihrer wirklichen Ängste dar? Spricht er einen abgelehnten Teil Ihres Selbst an? Nehmen Sie die folgenden Hinweise zu Hilfe:

- **Lebendigkeit:** Warnungen sind gewöhnlich sehr lebendig.
- **Ihre Reaktion:** Handelt es sich um eine Warnung, werden Sie sehr wahrscheinlich genauso reagieren wie im Wachzustand.
- **Ähnliche Einzelheiten:** In einem warnenden Traum sieht Ihr Heim aus wie Ihr wirkliches Heim. Ihre Mutter sieht wie Ihre wirkliche Mutter aus. Ein solcher Traum fühlt sich real an, was bei den anderen Arten von Träumen nicht der Fall ist.

Ängsten begegnen

Wenn Sie häufig von Albträumen geplagt werden, müssen Sie in erster Linie Ihren Ängsten begegnen. Die meisten Menschen beschäftigen sich nicht unaufhörlich mit den Dingen oder Situationen, vor denen sie Angst haben. Sie reagieren nur, wenn sie mit der Angst konfrontiert sind. Wenn Sie Ihren Ängsten und Emotionen entgegentreten, können Sie Furcht erregende Situationen in Träumen in den Griff bekommen. Das hilft Ihnen auch zu klären, welche Ängste sehr wahrscheinlich Wurzel des Albtraums sind. Das bewusste Erkennen der Angst ist der erste Schritt zur Überwindung.

Im folgenden Albtraum wohnte die Träumende im Erdgeschoss einer Wohnanlage. Die Anlage war zwar sicher, doch die Wohngegend rundum war eines der schlimmsten Viertel der Stadt. Viele Bewohner hatten Alarmanlagen in ihren Wohnungen und Autos. Die Träumende nicht. Zwischen ihr und der Außenwelt standen nur die Riegel an ihrer Tür. Der Traum ist mit »Türriegel« überschrieben:

Ich bin mitten in der Nacht in der Küche, hole mir etwas zu essen. Ich habe nur die Lampe über dem Herd angemacht. Da rüttelt es an der Tür, die in den Hof hinausführt, und ich fahre herum. Ich stehe da wie gelähmt. Ich kann mich weder bewegen noch schreien. Ich sehe nur zu.

Eine Hand greift zur Tür herein. Eine Männerhand. Ich sehe den Schmutz unter den Fingernägeln. Der Mann versucht, die Sicherheitskette zu erreichen. Ich schnappe den Wasserkocher und schlage damit auf seine Finger. Die Hand verschwindet.

Doch der Riegel ist aufgebrochen. Ich stoße die Tür zu und stelle einen Stuhl davor. Ich erwache in meinem Schlafzimmer und bin sicher, dass der Mann jetzt draußen im Hof ist und versucht, in die Wohnung einzubrechen – in meine Wohnung.

Dieser Traum enthält keine verborgene Botschaft. Er ist eine Warnung zu einer kaputten Verriegelung an der Küchentür. Die Träumende gab zu, dass der Riegel schon vor einiger Zeit abgebrochen war und sich die gesamte Mechanik leicht aus der Tür hätte schieben lassen. Unmittelbar nach dem Traum beauftragte sie einen Schlosser mit der Reparatur.

Die Lebendigkeit dieses Traums war für die Träumende gut zu erkennen. Er war auch ziemlich realistisch. Die Küche wurde so gezeigt, wie sie wirklich war. Die Verriegelung an der Tür war tatsächlich aufgebrochen, die Hand des Eindringlings war erstaunlich gut zu sehen. Zwei Wochen später wurde drei Türen weiter in eine Wohnung eingebrochen.

Übung zur Traumanalyse

Ordnen Sie drei Ihrer Albträume drei großen Kategorien zu, zum Beispiel den in diesem Kapitel vorgestellten. Definieren Sie, was diese in Ihrem Leben bedeuten. Passen die Definitionen zu den Träumen?

Handelt es sich um neuere Träume, die im Traumtagebuch festgehalten wurden, lesen Sie sie durch. Überlegen Sie, was zu der Zeit in Ihrem Leben passierte. Interpretieren Sie dann den Traum. Notieren Sie folgende Punkte:

- Große Kategorie und Bedeutung
- Ereignisse in Ihrem Leben zur Zeit des Traums
- Ihre Interpretation des Traums

Wenn wir uns mit Dingen nicht auseinandersetzen wollen, schlagen sie manchmal mit voller Wucht im Traum zu.

Übung: Ängsten begegnen

Analysieren Sie einen wiederkehrenden Albtraum. Welche Bilder herrschen vor? Wo spielt der Traum? Gibt es leicht erkennbare Metaphern oder Anspielungen, die auf die Bedeutung hinweisen? Wie endet der Traum? Wenn Sie Ihrer Angst in diesem Albtraum niemals entgegengetreten sind, schreiben Sie dessen Ende so um, dass Sie es tun. Notieren Sie folgende Punkte:

- Den Albtraum
- Das Szenario
- Die Metaphern
- Wie Sie im Traum handeln und reagieren
- Wie Sie den Traum ändern würden

Ängste im Wachzustand

Die 30-jährige Lynn, Mutter und von Beruf Fotografin, erstarrte beim Anblick von Schlangen vor Angst, bis sie einen Auftrag für das Schlangenhaus in Miami bekam. Im Folgenden beschreibt Lynn, wie sie ihre Furcht überwand:

> *Vielleicht war es der Anblick durch die Linse der Kamera. Vielleicht war ich auch einfach nur bereit, mich der Angst zu stellen. Doch plötzlich konnte ich die Schönheit und die unglaubliche Vielfalt der Schlangen sehen. Gegen Ende meiner Arbeit brachte einer der Betreuer eine Boa, mit der er seit ihrer Geburt gearbeitet hatte. Ich fand sogar den Mut, sie zu berühren. Ab diesem Zeitpunkt hatte ich keine Angst mehr vor Schlangen.*

Oft hilft es, sich bestehende Ängste einzugestehen, damit man sie im Schlaf überwinden kann. Träume und Albträume können nicht alles bewirken. Wenn Sie im realen Leben beispielsweise Angst vor Vögeln haben, werden Vögel oder andere Tiere wahrscheinlich in Ihren Albträumen vorkommen. In Ihren Träumen schweben vielleicht große Schatten über Ihnen – oder sogar Gespenster –, ohne dass Sie wissen, was das zu bedeuten hat. Aber Albträume hängen fast immer mit sehr realen Ängsten zusammen.

Sie können Ihre Ängste analysieren, indem Sie eine einfache Traumübung durchführen. Schreiben Sie fünf Ängste auf. Sind diese in Ihren Träumen vorgekommen? Wurden sie dabei mit Metaphern dargestellt? Schreiben Sie auf, wie Sie im Traum mit diesen Ängsten umgingen. Skizzieren Sie dann, wie Sie im realen Leben mit ihnen umgehen werden.

Eine Frau hatte folgenden Traum, überschrieben mit »Vampire«:

Letzte Nacht träumte ich von Mädchen, die ich mit etwa 13 Jahren gekannt hatte. Ich habe seither nichts mehr von ihnen gehört. Wir hatten damals keine Probleme miteinander, wenngleich ich niemals in ihren Kreis aufgenommen wurde. Sie galten als »cool«, ich wollte dazugehören.

Im Traum fiel mir auf, dass sie alle Vampire waren. Wir saßen herum, und ich fühlte mich allmählich sehr verunsichert. Dann sah ich ihre Vampirzähne, ein Mädchen griff mich an, biss mich und fing an, Blut zu saugen. Danach wachte ich auf.

Blutverlust

Blutverlust im Traum bezieht sich gewöhnlich auf einen emotionellen oder energetischen Verlust. Wenn Sie im Traum bluten, fühlen Sie sich im realen Leben wahrscheinlich emotional erschöpft. Blut im Traum kann sich auch auf das Leben oder alles, was mit dem Herzen zusammenhängt, beziehen.

Als wir das seinerzeitige Verhältnis der Frau zu den Mädchen eingehend untersucht hatten, war offensichtlich, dass es hier keine versteckte Bedeutung gab. Diese Freunde hatten ihr damals Energie geraubt (sie hatte kostbare Zeit mit ihnen vertan) – daher die Anspielung auf das Blutsaugen. Sie erinnerte sich, dass sie sich damals ausgeschlossen gefühlt hatte, auch wenn es lange her war.

Wichtig ist hier nicht zu analysieren, warum diese Freunde in ihren Träumen auftauchen oder warum sie als Vampire erscheinen. Sie muss sich ganz andere Dinge fragen: Warum jetzt? Was erinnert mich an diese Ausgeschlossenheit? Mit wem verbringe ich Zeit, ohne dass ich mich dabei wohlfühle? Ablehnung ist konstant ein Thema in Albträumen. Wichtig ist, herauszufinden warum und sich von solchen Menschen, die emotionalen Schaden anrichten, fernzuhalten.

Lösungen finden

Die Senoi, ein in den Gebirgen Malaysias beheimateter Stamm, lösten all ihre Probleme durch Träume. Manche meinen, sie hätten keine ängstlichen oder zwanghaften Neigungen oder Neurosen gehabt, weil sie aus psychologischer Sicht so fortschrittlich handelten. Wenn sie in ihren Träumen Angst hatten, sprachen sie darüber ausführlich miteinander.

Dem Albtraum entgegentreten

Wenn ein Senoi-Kind im Traum Angst empfand, riet man ihm, der Angst entgegenzutreten. Und man ermutigte es, Traumfreunde zu Hilfe zu rufen. Wenn es im Traum angegriffen wurde, musste es sich wehren. Denn nur dann, war man überzeugt, würde der Angreifer von ihm ablassen.

»Der Gefahr zu begegnen und sie zu überwinden«, schreibt Patricia Garfield in ihrem Buch *Kreativ träumen*, »ist die wichtigste Regel in der Traumarbeit der Senoi.« Glücklicherweise stoßen auch manche von uns auf diese Regel.

Eine Frau, die überfallen worden war, träumte wiederholt, sie würde vom Angreifer verfolgt. In dem folgenden Traum gewann sie schließlich die Oberhand über die Situation. Der Traum ist mit »Der Angreifer« überschrieben:

> *Die Szene ist die gleiche wie in den anderen Träumen, der Mann verfolgt mich durch eine dunkle Gasse. Ich habe schreckliche Angst, mein Mund ist ganz ausgedörrt. Ich sehe das Ende der Gasse vor mir, sehe Licht, Autos, aber ich weiß, dass ich es nicht dorthin schaffe.*
>
> *Daher bleibe ich plötzlich stehen, drehe mich um und fordere ihn auf, mich in Ruhe zu lassen. Er sieht mich einen langen Moment lang an, dann streckt er mir die Hand entgegen. Ich sehe etwas auf seiner Handfläche, will mich ihm aber nicht nähern, um es zu nehmen. Ich sage ihm, er solle es fallen lassen, was er auch tut. Dann geht er pfeifend davon.*

Als er weg ist, gehe ich dorthin, wo er stand, und finde eine schöne rosafarbene Muschel – den Gegenstand, den er fallen gelassen hat. Darauf steht mein Name. Der Traum ist seither nicht wiedergekommen.

Die Frau interpretierte die Muschel als Gebärmutter, die dem Schutz des Fötus dient. In diesem Fall war die Muschel ein Symbol des Schutzes, den die Frau für sich gewonnen hatte. Wie das Beispiel verdeutlicht, ist es wichtig, Albträume in den Griff zu bekommen. Mit etwas Übung lässt sich das sehr erfolgreich bewältigen. Wie Sie das machen, lernen Sie im folgenden Kapitel.

Den Albtraum in den Griff bekommen

Wie im letzten Kapitel erwähnt, offenbaren schlimme Träume oft bestimmte Ängste, die uns nicht bewusst sind. Eine Analyse dieser Träume und die Lösung der realen Probleme dahinter können schon sehr viel dazu beitragen, Ihren Albträumen die »Giftzähne« zu ziehen (speziell dann, wenn Sie von Schlangen träumen).

Doch es gibt noch eine zusätzliche Möglichkeit außer der Bekämpfung der Albträume im Wachzustand. In diesem Kapitel lernen Sie eine als luzides Träumen bezeichnete Strategie kennen. Ein luzider Traum ist ein Traum, den Sie bewusst erleben. Er beginnt vielleicht wie ein normaler Traum, doch irgendwann wachen Sie innerhalb des Traums auf. Dann können Sie, je nach Geschick, die Handlung des Traums manipulieren und Sekunde für Sekunde gestalten.

Wenn Sie die Technik des luziden Träumens beherrschen, werden Sie Ihre Albträume im Griff haben und nach Ihren Wünschen gestalten. Daraus gewinnen Sie Selbstvertrauen und Kompetenz, die Ihnen auch im realen Leben zugutekommen, Sie können Maßnahmen gegen Faktoren jeglicher Art ergreifen, welche solche Träume hervorrufen. Mit einer Kombination aus luzidem Träumen und Traumanalyse lassen sich Albträume für immer verbannen.

Einführung in das luzide Träumen

Jahrelang war luzides Träumen vorwiegend die Domäne der Parapsychologen – was entscheidend dazu beitrug, wissenschaftliche Untersuchungen zu dieser Art des Träumens zu verhindern. Doch in den letzten Jahren wurde es intensiv erforscht. Stephen LaBerge, Pionier in der Erforschung des luziden Träumens, führt dieses steigende Interesse zum Teil auf einige wichtige Bücher zurück.

1968 veröffentlichte die englische Parapsychologin Celia Green *Lucid Dreams*. Dieses Buch enthielt den umfassendsten Überblick über die zu diesem Zeitpunkt erhältliche Literatur. In den 1970ern weckten vor allem Ann Faraday mit ihrem Buch *Deine Träume – Schlüssel zur Selbsterkenntnis* und Patricia Garfield mit *Kreativ träumen* das Interesse der Menschen für das Thema. Auch wenn es seriöse wissenschaftliche Forschungen zum luziden Träumen erst in den 1970ern gab, ist es seit Jahrhunderten anerkannt.

Ihr erster luzider Traum

Sehr häufig ergibt sich die erste Erfahrung mit luziden Träumen zufällig. Sie merken plötzlich, dass Sie wach sind und immer noch träumen, ohne dass Sie sich speziell darauf vorbereitet hätten. Mit etwas Glück dauert die Erfahrung etwas länger als nur einige Sekunden.

Bei manchen Menschen tritt das Phänomen erstmals aus einem Albtraum heraus auf. Am häufigsten werden Träume jedoch luzid, meint LaBerge, wenn man eine grobe Ungereimtheit oder etwas Bizarres im Traum wahrnimmt. Der erste luzide Traum kann sich auch daraus ergeben, dass einem ein Traum sehr bekannt vorkommt – dass man ihn davor schon hatte. LaBerge bezeichnet diesen Einstieg ins luzide Träumen als *déjà rêvé*.

Der Fachausdruck für diese Art von luziden Träumen ist »trauminduzierte luzide Träume« (DILD; *dream-induced lucid dreams*), das ist jene Art, in der man die häufigsten luziden Träume erlebt. Fast jeder Mensch macht irgendwann die Erfahrung eines luziden Traums – wacht auf und merkt, dass er noch träumt. Der Anteil der Menschen, die diese Art von Traum regelmäßig, das heißt einmal im Monat oder öfter, haben, ist relativ klein, er liegt bei etwa 20 Prozent.

Luzide Träume beginnen gewöhnlich in der REM-Phase, einer Schlafphase, in der sich die Augen eines Menschen im Schlaf schnell bewegen. In einer normalen Nacht tritt diese REM-Phase drei bis vier Mal auf, am intensivsten ist sie gegen Ende der Schlafperiode. In jeder REM-Phase besteht die Möglichkeit eines DILD. Bleiben Sie vor allem positiv und entschlossen, Ihre Erfahrungen mit luziden Träumen weiterzuentwickeln.

Führen Sie ein Traumtagebuch

Wenn Sie nicht bereits Erfahrung im Umgang mit luziden Träumen hatten, waren erste luzide Träume vermutlich DILDs oder Träume, die Sie bewusst wahrnahmen, obwohl Sie wussten, dass Sie noch schlafen. Vielleicht können Sie von manchen Träumen auch nicht mehr sagen, ob sie tatsächlich luzid waren. Traumerfahrungen verschwinden mit der Zeit eher aus dem Bewusstsein. Einige gehen verloren, sobald die Nacht oder die Schlafperiode vorüber ist. Schriftliche Aufzeichnungen Ihrer Träume ermöglichen Ihnen ein Aufgreifen zu einem späteren Zeitpunkt. Träume, die zunächst keinen Sinn ergeben, könnten dann mehr Bedeutung für Ihr Leben haben, als Sie dachten.

Sind Sie für das Träumen in Form?

In Form sein bedeutet, sich um seine körperliche, geistige und spirituelle Gesundheit kümmern. Mit anderen Worten, ernähren Sie sich gesund, oder achten Sie zumindest darauf, was Sie Ihrem Körper über Speisen und Getränke zuführen. Alkohol, Tabletten (auch Schlaftabletten) und manche Nahrungsmittel können Schlaf und Träume beeinflussen. Vielleicht schreiben Sie in Ihr Traumtagebuch, was Sie zu sich genommen haben. Der Körper braucht auch Bewegung, viele Menschen berichten, dass sie dann besser schlafen. Ein gesunder Körper kann Träume erleichtern. Das gilt auch für einen entspannten, stressfreien Geist. Auch eine positive Einstellung kann den Schlaf fördern.

Je länger Ihre Schlafperiode dauert, desto größer ist die Chance für lebendige Träume, die gut im Gedächtnis bleiben. Die Dauer der REM-Phase wird nämlich im Verlauf der Schlafperiode länger. Das kann längere Träume bedeuten, und diese können mehr Ausgangsmaterial liefern.

Ihr Schlafzyklus wiederholt sich gewöhnlich mehrmals pro Nacht, auch wenn Sie davon nichts merken. Es gibt Lebensphasen, in denen Sie viel träumen, zu anderen Zeiten scheinen Sie kaum zu träumen. Das kann mit Ihrer körperlichen und seelischen Verfassung zusammenhängen, auch bestimmte Medikamente können Träume blockieren.

Daten sammeln

Einige Traumexperten empfehlen, mindestens 150 Träume zu sammeln und dann Ausschau nach Mustern und Ähnlichkeiten zu halten. Vermutlich werden Sie viele wiederkehrende Themen und Bilder finden, die auf Ihre verborgenen Probleme hindeuten!

Nehmen Sie beim Erstellen Ihres Traumtagebuchs auch einen Abschnitt über vergangene Träume auf, soweit Sie sich daran erinnern. Wenn Sie diesen Prozess durchmachen, kommt es darauf an, Ihr Gedächtnis auf den Abruf längst vergessener Traumerfahrungen auszurichten. Stellen Sie sich die folgenden Fragen – sie können helfen:

- Was war der erste Traum, der Ihnen im Gedächtnis blieb?
- Was ist der neueste Traum, an den Sie sich erinnern?
- An wie viele Träume aus dem letzten Monat können Sie sich erinnern?
- Erscheinen Ihnen einige Träume aus dem letzten Jahr besonders bemerkenswert? Aus den letzten fünf Jahren?
- Gab es eine Zeit in Ihrem Leben, in der Sie intensiv träumten?

- Können Sie Themen oder Muster in Bezug auf Ihre Träume erkennen?
- Was waren Ihre bedeutungsvollsten Träume?
- Können Sie sich an luzide Träume erinnern?
- Wie oft haben Sie luzide Träume?
- Gibt es in Ihren luziden Träumen ein Muster?
- Meinen Sie, dass Ihre Träume vielleicht Anleitung bieten und Verständnis fördern sollen?
- Gibt es eine tiefere Bedeutung, etwas, das die Wissenschaft eventuell nicht anerkennt?
- Waren Ihre Träume, und vor allem Ihre luziden Träume, bisher beliebig?

Diese Fragen werden Ihnen hoffentlich helfen, allmählich die Natur Ihrer Träume zu begreifen. Nur Sie können beurteilen, ob Ihre Träume zufällig sind oder nicht, besonders Ihre luziden Träume.

Den Traum erkennen

Der »Realitätstest«, der normalerweise dem wachen Gehirn vorbehalten ist, lässt uns luzide Träume von anderen unterscheiden. Mit etwas Übung werden Sie gar nicht mehr fragen müssen, ob Sie träumen. Sobald Sie eine Anomalie oder ein bizarres Ereignis im Traum erkennen, tritt sofort Klarheit ein.

Im folgenden Beispiel löste Anitas wiederkehrender Traum über ein gotisches Haus einen luziden Traum aus. Er ist mit »Gotisches Haus als Ausgangspunkt« überschrieben:

Ich erkannte das Haus sofort, als ich es betrat. Ich wusste, das war das gotische Haus aus meinem wiederkehrenden Traum, der Ort, den ich schon unzählige Male erkundet hatte.

Mit dieser Erkenntnis wurde der Traum luzid. Ich befand mich in einem sonnigen Wohnraum, einem riesengroßen und wunderschön eingerichteten Raum, den ich noch nicht kannte. Um mich zu vergewissern, dass es ein luzider Traum war, sprang ich in die Luft, um zu prüfen, ob ich fliegen konnte – ich konnte! Ich war so erstaunt, dass ich aufwachte.

Träume ich?

Der wichtigste Teil der Einleitung eines luziden Traums ist die beständige Frage: »Träume ich?« Stellen Sie sich diese Frage immer wieder, auch wenn Sie offensichtlich wach sind. Manchmal sind unsere Träume so unglaublich luzid, dass wir meinen, wach zu sein, obwohl wir gerade in einen Traumzustand eintreten.

Wie beweist man sich, dass man tatsächlich einen luziden Traum hat? Ein Vorgang, der als Realitätstest bezeichnet wird, kann Ihnen helfen zu erkennen, dass Sie Ihren luziden Traum bewusst steuern. Ihr Realitätstest wird zum Teil Ihrer Traumintentionen, wenn Sie Ihr Traumbewusstsein erweitern.

Ein Realitätstest beginnt damit, dass Sie im Wachzustand eine repetitive Übung ausführen. Um eine Gewohnheit entstehen zu lassen, beginnen Sie damit, bewusst etwas zu tun. Die wiederholte Ausführung dieser Übung wird mit der Zeit in Ihr Unbewusstes eingehen und dann ins Bewusstsein gerufen, wenn das Bewusstsein ein Signal dafür erhält.

Hier sind drei Übungen, die Sie mehrmals pro Tag ausführen können. Sie werden Ihnen helfen, sich bewusst zu machen, worauf Sie im Traum achten müssen, um nachzuweisen, dass es sich wirklich um einen luziden Traum handelt:

- **Spiegeltest:** Achten Sie jedes Mal, wenn Sie sich im Spiegel betrachten, darauf, wie klar das reflektierte Bild ist. Halten Sie sich vor Augen, dass dies Ihr reales Spiegelbild ist und es immer so klar sein wird, wenn Sie sich im Wachzustand im Spiegel betrachten. Suggerieren Sie, dass Sie sich auch im Traum im Spiegel betrachten könnten. Dort wird das Spiegelbild unscharf oder irgendwie anders erscheinen und Ihnen damit beweisen, dass es sich um einen Traum handelt.
- **Armbanduhrentest:** Machen Sie diese Übung mehrmals am Tag. Schauen Sie auf die Uhr, notieren Sie die Zeit, schauen Sie einen kurzen Moment weg und dann nochmals auf die Uhr. Die Zeit wird die gleiche sein, mit wenigen Sekunden Unterschied. Sagen Sie sich, dass dies der Realität entspricht, und suggerieren Sie sich, dass Sie auf die Uhr schauen werden, wenn Sie erkennen, dass Sie träumen. Wenn Sie im Traum wegschauen und dann nochmals auf die Uhr blicken, wird die Zeit eine andere sein und so beweisen, dass Sie träumen.

- **Atemtest:** Halten Sie sich die Nase zu, während Sie die Zunge gegen das Gaumendach drücken und die Öffnung abdecken, aus der Luft aus der Nase in den Mund gelangt. Sie werden nicht atmen können. Halten Sie sich vor Augen, dass dies real ist. Machen Sie diese Übung mehrmals am Tag. Machen Sie dieselbe Übung, sobald Sie merken, dass Sie träumen, und Sie werden normal atmen können.

Forscher, die sich mit luziden Träumen beschäftigen, stellten fest, dass Beobachtungen aus dem realen Leben im Traum nicht genauso erscheinen – wie etwa im genannten Uhrenbeispiel. Wenn Sie im Traum Ihre Füße anschauen und dann weg- und wieder hinschauen, kann der Boden anders sein, können Sie andere Schuhe tragen und so weiter.

Sie können Ihren eigenen Realitätstest erfinden. Es kommt letztlich darauf an, wie Sie sich selbst beweisen möchten, dass Sie sich eines Traums bewusst sind.

Jeder Traum, an den Sie sich erinnern und den Sie schriftlich festhalten, hilft Ihnen, Ihr Bewusstsein zu erweitern. Es kann einige Nächte dauern, bis Sie regelmäßig Resultate erzielen, aber Ihre Fähigkeit, einen Traum zu erkennen und sich daran erinnern zu können, wird zur Gewohnheit werden. Nach einer Weile wird daraus Routine.

Träume herbeiführen

Wäre es nicht schön, in dem Wissen schlafen zu gehen, dass Sie eine wundervolle luzide Traumerfahrung haben werden? Dank Stephen LaBerge und anderen können Sie das heute erlernen. Dabei sollte man bedenken, dass jeder von uns

Träume, auch luzide Träume, in anderer Weise erlebt. Ein Grund dafür ist unsere geistige Einzigartigkeit. All das hängt mit Ihrem Vorstellungsvermögen zusammen.

Die zufällige Wahrnehmung, dass Sie luzid träumen, ist eine Sache, das aktiv zu erlernen eine ganz andere. Wenn Sie niemals in einem Traum aufgewacht sind und das gerne ausprobieren möchten oder wenn Sie bereits spontan in den Zustand eines luziden Traums getreten sind und diesen Bereich gerne näher erforschen möchten, können Sie verschiedene Methoden zur Einleitung luziden Träumens versuchen.

Die besten Zeiten für luzide Träume sind kurz nach dem Einschlafen oder beim Aufwachen am Ende der Nacht. Wenn Sie leicht und rasch einschlafen, können Sie mit etwas Übung wenige Minuten nach dem Schlafengehen in einen luziden Traum eintreten. LaBerge schlägt eine Zählmethode vor: »Eins, ich träume. Zwei, ich träume…« Sobald Sie eine bestimmte Zahl erreicht haben, werden Sie das laut sagen und in Wahrheit träumen.

Oder konzentrieren Sie sich beim Einschlafen auf etwas Bestimmtes – eine Visualisierung, Ihren Atem oder Herzschlag, Ihr Körpergefühl oder was auch immer. »Wenn Ihr Geist ausreichend aktiv bleibt, während die Neigung, in eine REM-Phase zu treten, hoch ist«, schreibt LaBerge, »merken Sie, wie Ihr Körper einschläft, aber Sie, das heißt Ihr Bewusstsein, wach bleiben.« Sie werden vielleicht feststellen, dass sich ein luzider Zustand leichter herbeiführen lässt, wenn Sie eine Weile geschlafen haben.

Warum sind luzide Träume so wichtig?
Luzide Träume gewähren uns Kontrolle über den Wachzustand. Wenn wir lernen, unsere Wünsche, Hoffnungen und Ängste zu erkennen und dann die »Handlung« unserer Träume zu verändern, können wir Kurs auf Erfolg an allen Fronten nehmen, ob wach oder schlafend.

Das Zwischenstadium
Die längste REM-Phase tritt gegen Morgen auf, versuchen Sie also, die Augen beim Aufwachen geschlossen zu lassen. Liegen Sie still und lassen Sie sich von Ihren Traumbildern einhüllen. Drehen Sie sich anschließend auf die Seite oder verändern Sie Ihre Position. Diese Bewegung ermöglicht eventuell, dass Sie den Eindruck haben, sowohl wach zu sein als auch zu träumen.

Eine Schlafroutine entwickeln

In *Die Natur der persönlichen Realität* von Jane Roberts spricht das Wesen »Seth« über die Bedeutung des Schlafens in Blöcken von vier bis sechs Stunden anstelle der in der westlichen Kultur üblichen acht Stunden.

Durch einen derartigen Schlafrhythmus »gibt es keine große künstliche Trennung zwischen den beiden Bewusstseinszuständen. Das Bewusstsein kann sich leichter an die Traumerfahrung erinnern und diese assimilieren, im Traum kann das Selbst die Erfahrung der Wachstunden effizienter einsetzen.«

Ohne je den Ausdruck »luzides Träumen« zu gebrauchen,

vermittelt Seth, dass durch diesen speziellen Schlafrhythmus offensichtlich wird, dass »das individuelle Identitätserleben im Traumzustand erhalten bleiben kann. Wenn Sie sich im Traumzustand ebenso aktiv, reaktionsfreudig und intellektuell erleben wie im Wachzustand, können Sie gar nicht mehr den alten Mustern entsprechend agieren.«

Interessant ist, dass der Parapsychologe Robert Monroe in seinen Büchern einen ähnlichen Schlafrhythmus anwendet wie den von Seth beschriebenen. Er erwähnt häufig »zwei Schlafzyklen« und meint damit zwei Traumzyklen zu je etwa vier Stunden. Jane Roberts, selbst Autorin und jenes Medium, durch welches die als Seth bekannte Persönlichkeit sprach, und ihr Ehemann setzten Seths Vorschlag ebenfalls um. Sie schliefen sechs Stunden pro Nacht und bei Bedarf eine halbe Stunde am Nachmittag.

Den Schlafbedarf herausfinden

Ermitteln Sie für Ihre neue Schlafroutine zunächst, wie viele Stunden Schlaf Sie brauchen – sieben, acht oder sogar neun Stunden. Bei sieben Stunden könnten Sie etwa eine Einheit von sechs Stunden in der Nacht und eine Stunde Schlaf am Nachmittag ansetzen. Probieren Sie verschiedene Kombinationen aus und entscheiden Sie sich für die, die am besten funktioniert. Ein solcher Rhythmus setzt eine flexible Arbeitszeit voraus, bei der Sie tagsüber zwischendurch schlafen können. Wenn Ihr Tagesablauf das nicht zulässt, testen Sie den Rhythmus an Wochenenden oder im Urlaub.

Wenn Sie Ihren Geist dazu anregen, sich den wirklich wichtigen Dingen in Ihrem Leben zuzuwenden, können Sie den Zustand des luziden Träumens intensivieren. Die folgende Übung kann Ihnen dabei helfen. Schreiben Sie dafür fünf Ängste oder Einschränkungen auf, die Sie gerne überwinden würden. Nennen Sie auch fünf Ziele, die Sie in den nächsten Monaten erreichen möchten. Entwerfen Sie einen Plan, wie Sie diese Ziele in Ihr luzides Träumen einbauen können, und setzen Sie ihn um. Schreiben Sie Folgendes auf:

- Fünf zu überwindende Ängste oder Einschränkungen

1. ______________________________

2. ______________________________

3. ______________________________

4. ______________________________

5. ______________________________

- Ihr Plan zur Überwindung dieser Einschränkungen

____

____

____

- Fünf Ziele, die Sie in den nächsten drei Monaten erreichen möchten

1. ____________________
2. ____________________
3. ____________________
4. ____________________
5. ____________________

- Ihr Plan zur Erreichung dieser Ziele

- Fünf Ziele, die Sie in den nächsten sechs Monaten erreichen möchten

1. ______________________________

2. ______________________________

3. ______________________________

4. ______________________________

5. ______________________________

- Ihr Plan zu Erreichung dieser Ziele

____

____

____

____

____

Die Absicht ist entscheidend

Ihre Absicht, die Welt des luziden Träumens zu erkunden, ist für die Auslösung eines solchen Traums entscheidend. Als Stephen LaBerge seine Forschungsarbeit begann, merkte er, dass mit der erklärten Absicht, sich zu erinnern, die Anzahl seiner luziden Träume dramatisch anstieg. »Luzide Träume treten selten unabsichtlich auf, also ohne die mentale Absicht zu erkennen, dass wir träumen; die Absicht ist also Teil aller gezielten Bemühungen, luzide Träume herbeizuführen.«

Malcolm Godwin, Verfasser von *Der Traum: Ein Führer durch die Welt des Wachens und Schlafens*, merkte an, dass die im zehnten Jahrhundert vom tibetischen Meister Atisha empfohlene Methode eine ähnliche Wirkung hat: *Denken Sie sich alle Phänomene als Träume.* »Denn wenn man tagsüber beständig denkt, alles wäre ein Traum, taucht diese Einstellung auch in den nächtlichen Träumen auf, und Sie werden sich plötzlich als gleichzeitig tief schlafend und gänzlich wach erfahren.«

Wenn Sie luzide Träume zur Steuerung Ihres Albtraums einsetzen, werden Sie merken, dass die richtige Einstellung der Schlüssel zum Erfolg ist.

LaBerge schlägt vor, tagsüber Erinnerungsobjekte festzulegen, um den Geist darauf zu trainieren, während eines Traums aufzuwachen. Bei dieser Methode werden Gegenstände oder sogar Geräusche als Trigger gewählt. Wenn Sie beispielsweise zwei Objekte wählen, das Geräusch Bellen und den Anblick eines roten Autos, werden Sie registrieren, dass Sie ein Objekt gefunden haben, sobald ein Hund bellt oder das genannte Fahrzeug auftaucht. Wenn Sie Ihre Fähigkeit, sich an Objekte zu erinnern und sie zu finden, perfektioniert haben, können Sie LaBerges Methode für luzides Träumen einsetzen, die später in diesem Kapitel beschrieben wird.

Es wäre günstig, Ihr waches Gedächtnis mit vier spezifischen Objekten für jeden Tag zu trainieren. Merken Sie sich die Objekte für den Tag. Schreiben Sie Ihre Erfolge auf. Notieren Sie jedes registrierte Objekt und vergessen Sie nicht, sich zu fragen, ob Sie träumen. Beobachten Sie, wie viele Objekte Sie an jedem Tag finden. Wenn Sie am Ende der Woche die meisten Objekte verpasst haben, machen Sie die Übung noch eine Woche lang.

Halten Sie Folgendes schriftlich fest:

- Gewählte Objekte Tag eins:

___

___

___

- Gefundene Objekte Tag eins:

___

___

___

- Gewählte Objekte Tag zwei:

___

- Gefundene Objekte Tag zwei:

Setzen Sie diese Übung fünf Tage lang fort und überprüfen Sie Ihren Erfolg. Stieg die Zahl der registrierten Objekte mit der Zeit an? Nahmen die Erfolge ab? Wie veränderte sich Ihre Strategie?

Die MILD-Technik von LaBerge

Wenn Sie sich etwas im Wachzustand nicht merken können, werden Sie es vermutlich auch im Schlaf nicht schaffen. Doch wenn Sie Ihre Objektübung erfolgreich ausführen können, sollten Sie LaBerges MILD-Technik einsetzen können. In seinem Buch *Träume, was du träumen willst: Die Kunst des luziden Träumens* erstmals beschrieben, steht MILD für »Mnemonic Induction of Lucid Dreaming«, also »Gedächtnis-induziertes luzides Träumen«. Die Technik besteht aus fünf Schritten:

1. **Aktivierung der Traumerinnerung:** Erklären Sie einfach Ihre Intention, nachts aufzuwachen, um sich an Ihre Träume zu erinnern.

2. **Traumabruf:** Wenn Sie aus einem Traum erwachen, versuchen Sie, sich an möglichst viele Details zu erinnern. Sagen Sie sich nicht, Sie würden sich den Traum bis zum Morgen merken; er wird dann wahrscheinlich weg sein. Zwingen Sie sich, ihn sofort im Traumtagebuch niederzuschreiben.
3. **Fokus auf Intention:** Richten Sie, während Sie wieder einschlafen, Ihren Fokus auf die Intention zu erkennen, wann Sie träumen. Meinen Sie das auch ernst! Konzentrieren Sie sich auf diesen einen Gedanken. Sie wissen, diese Absicht ist entscheidend!
4. **Visualisieren Sie sich selbst im luziden Zustand:** Am besten gelingt das, wenn Sie sich in den Traum zurückversetzen, aus dem Sie eben erwacht sind. Diesmal jedoch in dem Bewusstsein, dass es sich um einen Traum handelt. Halten Sie Ausschau nach einem Hinweis auf diesen Traumzustand. Beschließen Sie beispielsweise, während Sie den Traum nochmals durchleben, zu fliegen. Sehen Sie sich selbst dabei zu, beobachten Sie, wie Sie den Traumzustand erkennen, und gehen Sie dann den Traum weiter durch.
5. **Wiederholung:** LaBerge empfiehlt eine Wiederholung der Schritte drei und vier, um die Intention zu festigen.

Spieglein, Spieglein, an der Wand

Malcolm Godwin bietet eine andere Methode zum Einstieg ins luzide Träumen an, bei der es sich um eine Abwandlung einer Technik fernöstlicher Meditation mit dem Namen *Tratak* handelt. Setzen Sie sich vor dem Schlafengehen für etwa eine halbe Stunde bequem vor einen Spiegel. Stellen Sie eine Kerze so auf, dass Ihr Gesicht ausgeleuchtet ist, und starren Sie Ihr Spiegelbild möglichst lange ohne Blinzeln an. Das Gesicht im Spiegel wird sich dramatisch verändern, wie eine Reihe schwebender Masken erscheinen. Godwin erwähnt, dass viele in der Branche diese Masken für Bilder aus unseren vergangenen Leben halten.

Konzentrieren Sie sich, während Sie in den Spiegel starren, auf Ihre Intention, in dieser Nacht zu träumen. Sehen Sie noch ein wenig zu, welche Veränderungen Ihr Gesicht durchmacht, und fordern Sie dann den Anblick Ihres realen Gesichts ein. »Meditierende behaupten, dass im Wachzustand das Bild im Spiegel gänzlich verschwindet«, sagt Godwin. »Machen Sie sich in luziden Träumen auf noch größere Überraschungen gefasst.«

Egal, welche Methode Sie einsetzen, um luzide Träume herbeizuführen, wenn Sie sie beherrschen, sind die Vorteile gewaltig. Sie können Ängste überwinden, indem Sie ihnen in Ihren luziden Träumen direkt entgegentreten. Sie können Ihre Selbsterkenntnis verbessern, was Ihr Bewusstsein erweitert. Wenn Sie Gefahren im Traum bewusst gegenübertreten, entwickeln Sie Selbstvertrauen, das sich auch im Alltag zeigen wird. Und Sie können im Traumzustand Probleme lösen, was Ihnen im Wachzustand zugutekommen wird. Probieren Sie so viele Methoden, wie Sie eben brauchen, um die Kunst des luziden Träumens zu erlernen.

Albträume mithilfe von luziden Träumen auflösen

Albträume können jederzeit auftreten. Überlegen Sie, wie toll es wäre, einen schlimmen Traum in einen schönen verwandeln zu können. Durch luzides Träumen lässt sich das bewerkstelligen. Sie können eine Technik entwickeln, mit der Sie merken, dass Sie einen Albtraum haben oder aus einem erwachen. Diese Technik bereitet Sie darauf vor, negativen Träumen entgegenzutreten und sie zu verändern.

In diesem Abschnitt werden Sie erfahren, wie Sie Ihre Überzeugungen und Ihren Glauben, Ihre Vorbilder oder Engel als Schutz heranziehen, während Sie mit luzidem Träumen Ihre Albträume verändern. Sie werden Gelegenheit haben, einen veränderten Bewusstseinszustand in einer luziden Traum-Trance zu erleben, die Ihnen hilft, Albträume hinsichtlich vergangener Leben aufzulösen sowie eine Übung auszuführen, die Albträume von Ihren Träumen fernhält.

Wiederkehrende Albträume

Die meisten Menschen haben gelegentlich Albträume. Manche leiden immer wieder, teils Nacht für Nacht, unter den gleichen furchtbaren Träumen, die stets dasselbe Thema besitzen. Für Menschen, die unter schlimmen Träumen leiden, ist die Nacht oft voller Angst und Schrecken, und sie sind am nächsten Tag durch den Mangel an erholsamem Schlaf erschöpft.

Vielleicht haben oder kennen Sie ein Kind, das viele Albträume hat. Vielleicht erging es Ihnen in Ihrer Jugend selbst so. Kindern kann man schwer begreiflich machen, dass ihre

Träume nicht real sind. Ihr gestörter Schlaf kann auch für Sie anstrengend sein. Vielleicht kennen Sie die Sorge, wenn man ein Kind vor Ängsten schützen möchte, vielleicht wird Ihre eigene Nachtruhe von einem verängstigten Kind gestört.

Intentionen für luzide Träume

Es folgen zwei Arten von Intentionen, die Ihnen bei der Vorbereitung auf luzide Träume zur Befreiung von Albträumen helfen. Die erste Art hilft gegen wiederkehrende Albträume. Diese können mit den normalen Techniken für luzides Träumen oder über den veränderten Bewusstseinszustand einer luziden Traum-Trance bewältigt werden.

Haben Sie Ihre Albträume in Ihrem Traumtagebuch festgehalten? Stellen Sie sich die folgenden Fragen, um das Muster hinter Ihren Albträumen besser zu verstehen.

- Wie oft haben Sie Albträume? Jede Nacht, einmal pro Woche, einmal im Monat, einige Male im Jahr oder einfach gelegentlich? Auch wenn Sie das genaue Auftreten nicht festgehalten haben, können Sie vielleicht für das letzte Jahr oder einen längeren Zeitraum ungefähre Schätzungen vornehmen.
- Gibt es bestimmte Ereignisse, Situationen oder Bedingungen, die einem Albtraum vorausgehen? Was passierte davor in Ihrem Leben? Gab es zusätzlichen Stress? Was aßen, tranken, lasen, sahen Sie im Fernsehen? Mit wem sprachen Sie? Waren es Freunde, Verwandte, Gegner? Wie ist Ihr Befinden allgemein? Welche Medikamente oder homöopathischen Mittel nehmen Sie? Passierte im Beruf oder Privatleben etwas Besonderes?

- Erinnern Sie sich, wann Ihre Albträume begannen? Wie lange ist das her? Wie alt waren Sie? Was passierte in Ihrem Leben unmittelbar vor Ihrem ersten Albtraum?
- Bestehen gesundheitliche Störungen, die zu einem Albtraum beitragen könnten? Leiden Sie unter Schlafapnoe? Wenn Sie im Schlaf nach Luft ringen, kann das einen Albtraum auslösen.
- Könnte Ihre Schlafposition zu Ihren Albträumen beitragen? Schon deren Veränderung kann Albträume verschwinden lassen.

Das Verständnis, wie Sie Ihre Albträume erleben, kann zu klareren Intentionen beitragen. Manche schlechten Träume lassen sich vielleicht nicht durch luzides Träumen lösen. Albträume, die von Nahrungsmitteln, Arzneimitteln oder Stimulanzien hervorgerufen werden, welche den Puls erhöhen, haben körperliche Auslöser.

Intentionen für einzelne Albträume

Nicht alle Albträume sind wiederkehrend. Manchmal können wir nicht genau sagen, was kommen wird, wenn wir schlafen gehen. Diese zweite Art von Intentionen soll Ihnen nicht nur helfen, Albträume bewusst wahrzunehmen, sondern auch, sie in positive Träume umzuwandeln. Sie können sich auf solche Erfahrungen vorbereiten wie auf mögliche Situationen, die im Wachzustand eintreten können, aber nicht zwangsweise eintreten müssen. Betrachten Sie das als eine Art vorausschauendes Fahren im Schlaf.

Solche Intentionen können für einzelne Albträume oder

für solche mit einem gemeinsamen Thema eingesetzt werden. Beantworten Sie die Fragen für wiederkehrende Albträume, wenn Sie begreifen möchten, was hier abläuft. Die Intentionen, die Sie nun entwickeln sollen, sind jedoch für Albträume gedacht, die jederzeit auftreten können.

Intentionsübung

Versuchen Sie, ein Intentionsmantra für luzides Träumen zu schreiben, mit dessen Hilfe Sie luzide Träume herbeiführen können, um ein Mittel gegen plötzlich auftretende Albträume zur Hand zu haben.

Auf die folgenden Punkte kommt es bei Ihren Intentionen an:

- **Ziel:** »Ich freue mich auf einen luziden Traum in der kommenden Nacht.«
- **Bewusstes Erleben:** »Ich werde meinen luziden Traum bewusst wahrnehmen.«
- **Realitätstest:** »Als real erkenne ich ihn daran, dass die Uhr beim zweiten Hinsehen etwas ganz anderes anzeigt.«
- **Erinnern:** »Beim Aufwachen werde ich mich an jede Einzelheit aus meinem Traum erinnern.«

Sehen wir uns nun an, wie aus diesen vier Punkten ein Mantra entstehen kann; Ihr Ziel ist ein einziger Satz, den man sich leicht merken kann. »In der kommenden Nacht werde ich bewusst in meinen luziden Traum gleiten, werde ihn an der Uhr als real erkennen und mich im Nachhinein an alles erinnern können.«

Versuchen Sie nun, aus Ihren Intentionen ein geeignetes Mantra zusammenzustellen.

Sie sind nicht allein

Ein weiterer positiver Faktor, den Sie bei einem Albtraum zu Hilfe nehmen können, ist Ihr Glaube an eine höhere Macht – an etwas oder jemanden, der Sie beschützt. Es ist nicht leicht, es alleine mit der Welt aufzunehmen, besonders im Dunkel eines Albtraums. Schon das Wissen, dass Sie nicht allein sind, wenn Sie Ihrem schlimmen Traum begegnen und ihn ändern, kann sehr tröstlich sein. Es gibt einige Möglichkeiten, Ihren Glauben heranzuziehen, um positive Veränderungen durch einen luziden Traum herbeizuführen.

Sobald Sie darauf vertrauen, dass jemand oder etwas bei Ihnen ist – zum Beispiel ein Engel, Gott, eine Form spiritueller Anleitung, Ihr höheres Selbst –, können Sie eine Intention aufbauen, sodass Ihr Bewusstsein immer weiß, dass Sie nicht allein sind. Wenn Sie sich diese vorsagen, empfinden Sie Liebe und Dankbarkeit, dass jemand über Sie wacht, nicht nur während des Schlafs, sondern zu allen Zeiten. Egal, was in Ihrem Leben geschieht, Glaube kann eine positive Kraft sein, die Ihnen die Last des Lebens tragen hilft, damit Sie nicht länger meinen, die ganze Welt auf Ihren Schultern tragen zu müssen.

Schützende Intentionen

Ein Gebet kann eine Intention sein. Worte der Dankbarkeit und Liebe im Gebet können Ihre Intention stärken. Sie wissen, der Wert Ihrer Intention hängt davon ab, was Sie einfließen lassen. Sie werden ernten, was Sie säen. Wenn Sie mitten in der Nacht aufwachen und wissen, dass etwas Schützendes, Positives bei Ihnen ist, finden Sie leichter Ihren Seelenfrieden.

Ihre schützende Intention können Sie mehrmals am Tag einsetzen. Egal, ob Sie unterwegs sind, arbeiten oder unter der Dusche stehen. Sie können Ihre Intention als Mantra verwenden. Je öfter Sie sie bewusst wiederholen, desto mehr Macht wird sie über Ihr Unbewusstes erlangen. Wenn Sie sie brauchen, wird sie automatisch ins Bewusstsein vordringen.

Intention für Dankbarkeit und Schutz

Danke, dass du im Schlaf bei mir bist und mich beschützt. Danke, dass du mir hilfst, eventuellen Albträumen entgegenzutreten und sie zu verändern.

Sie können auch als Intention festlegen, dass Ihnen eine schützende Präsenz bewusst ist, wenn ein negativer Traum auftritt. Sie können die Intention haben, die Realität eines Traums zu prüfen, sich selbst mit den Sie begleitenden schützenden Elementen zu umgeben, den Albtraum zu verändern und einen positiven Ausgang herbeizuführen. Sie können die Intention haben, sich beim Aufwachen nach einem Albtraum unter dem Schutz Ihrer Helfer und Wächter wieder in den Traum zurückzuversetzen. Wenn Sie sich selbst beweisen, dass Sie träumen, und sich mithilfe Ihrer Beschützer sicher fühlen, können Sie darangehen, den negativen Traum zu verändern.

Mit luzidem Träumen den Albtraum verändern

Nun können Sie sich daranmachen, einen Albtraum durch luzides Träumen zu verändern, denn Sie wissen, dass der Traum nicht real ist und Sie nicht alleine sind. Hier sind einige Vorschläge, wie Sie in einem luziden Traum Änderungen vornehmen könnten. Es kommt letztlich darauf an, welche Methode sich für Sie bewährt, angenehm ist und passend erscheint. Wenn Sie überlegen, was Sie einsetzen könnten, und sich die positiven Ergebnisse vorstellen, bringen Sie Ihre Intentionen auf die bewusste Ebene.

- Sie könnten sich unsichtbar machen und beobachten, was passiert, schließlich kann Sie keiner sehen.
- Sie könnten Verbindung zu Helfern aufnehmen, um die bösen Teile des Traums loszuwerden.
- Sie könnten einen Schutzschild schaffen, der den Albtraum an der Wiederkehr hindert.
- Sie könnten sich zurück an den Beginn des Albtraums begeben und dessen Verlauf verändern.
- Sie könnten Riesen schrumpfen oder die bösen Kerle mit starken Laserstrahlen beschießen.
- Wenn Sie sich in einem Krieg wiederfinden, könnten Sie zeitlich zurückgehen und für Frieden sorgen.
- Wenn Sie am Verhungern sind, könnten Sie Nahrung im Überfluss herbeischaffen.
- Wenn Sie frieren, könnten Sie den Traum an einen angenehmen, warmen Ort transferieren.
- Wenn Sie in einem anderen Zeitalter erwachen, könnten Sie in die Gegenwart zurückkehren.

- Wenn Sie sterben, könnten Sie vor diese Szene zurückgehen, den Ablauf und die negative Situation verändern.

Umgang mit Albträumen bei Kindern

Vielleicht haben Sie ein Kind oder kennen eines, das von Albträumen geplagt wird, und würden ihm gerne helfen, diese so abzuändern, dass sie nicht wiederkehren. Richten Sie den Fokus auf die positiven Bilder des Kindes, bevor Sie sich den negativen zuwenden. Stellen Sie zunächst fest, was auf das Kind sicher und schützend wirkt. Das kann ein Elternteil, Freund, Stofftier oder ein Fantasiebild sein. Es spielt keine Rolle, was es ist, solange das Kind damit verlässlichen Schutz assoziiert. Nun stellt das Kind sich vor, sein Superheld wäre immer bei ihm, würde es bewachen und beschützen, insbesondere im Traumzustand. Sagen Sie dem Kind nun, dass es immer sicher und geschützt ist und keine Albträume mehr haben wird.

Wenn Sie einen seherischen Traum von einem negativen zukünftigen Ereignis haben, bitten Sie Ihre Helfer, in Ihrem Wachzustand die richtigen Maßnahmen zu ergreifen und so dazu beizutragen, dass die im Traum vorhergesehenen negativen Folgen abgeändert werden. Sie könnten auch die Intention festlegen, dass Sie seherische Träume nur von Dingen haben, die Sie positiv beeinflussen können.

Albträume durch geführte Bewusstseinsänderung auflösen

Sie können veränderte Bewusstseinszustände einsetzen, um luzide Traumerfahrungen herbeizuführen. Ziel ist, sich mit vollem Bewusstsein direkt in eine Traumerfahrung zu begeben, und zwar über einen Trancezustand anstelle echten Schlafs. Den meisten Erfolg mit dieser Methode haben oft Menschen, die viel Erfahrung mit geistiger Konzentration haben, beispielsweise aus ihrer Meditations- oder Jogapraxis oder der Selbsthypnose.

Nicht jeder Mensch kann einen solchen tiefen Fokus erreichen. Manche sind sich ihrer Umgebung von Natur aus sehr bewusst und können nur schwer loslassen oder den Fokus auf einen einzelnen Gedanken oder Zweck richten. Bei ihnen lenkt meist irgendetwas den Fokus weg vom Eintritt in einen tiefen veränderten Bewusstseinszustand. Der Mensch ist das Produkt seines Umfelds, wer gelernt hat, höchst wachsam zu bleiben, kann sich oft schwer auf einen einzelnen Gedanken konzentrieren.

Bewusstsein

Wenn Sie bewusst vom Wachzustand in einen Trance-ähnlichen Schlaf eintreten, machen Sie einige Schritte durch, die Sie jeweils noch tiefer in Trance oder in einen veränderten Bewusstseinszustand versetzen. Um den nächsten Schritt zu tun, müssen Sie jeweils den vorherigen als real annehmen. Wenn Sie sich sagen, dass Ihre Muskeln entspannt sind, müssen Sie auch fühlen, dass sich die Muskeln tatsächlich entspannen. Wenn Sie diese Vorgaben akzeptieren, bleiben Sie sich auch Ihrer Erfahrungen bewusst, während Sie sie erfahren.

Stufen der Trance

Der Hypnotiseur Harry Arons entwickelte eine Methode, um zu untersuchen, wie tief die Trance seiner Patienten war. Diese »Arons Depth Scale« unterscheidet sechs Trancestufen. Stufe eins ist eine leichte Trance, wie Tagträumen, Stufe sechs die tiefste Trance, in welcher der Hypnotisierte nichts mehr bewusst wahrnimmt.

Einer der Vorteile einer bewusst erlebten Induktion ist, dass sie das Setzen spezifischer Ziele während einer luziden Traumerfahrung erleichtern kann. Sie könnten beispielsweise während des luziden Traums an der Entwicklung Ihrer Persönlichkeit arbeiten oder eine Fertigkeit üben und verfeinern.

Geduld ist hier entscheidend. Ihr Ziel ist herauszufinden, welche Technik des luziden Träumens für Sie geeignet ist, und diese einzuüben.

Selbst induzierte veränderte Bewusstseinszustände

Beginnen Sie die Einleitung eines veränderten Bewusstseinszustands einfach, indem Sie Ihren Fokus auf Ihre Atmung richten. Atmen Sie so tief ein, dass Sie es als angenehm empfinden, und langsam aus. Wenn Ihre Atmung langsamer wird, beginnt der Geist sich meist zu leeren. Wenn Sie sich auf viele Gedanken konzentrieren, vergessen Sie dabei vielleicht sogar zu atmen. Flaches Atmen enthält dem Körper Sauerstoff vor, der Fokus auf Entspannung wird damit erschwert.

Die heutige Stressbelastung aktiviert unseren natürlichen Flucht-oder-Kampf-Instinkt. Dieser ermöglichte ursprünglich das Überleben des Menschen. Ist Ihr Fokus jedoch konstant auf etwas Belastendes ausgerichtet, kann das Ihrer Gesundheit schaden. Unser Stress-Warnsystem wurde für kurzfristige Situationen eingerichtet, nicht für die Langzeitbelastungen, denen wir heute oft ausgesetzt sind.

Deswegen ist es so wichtig, die Atmung nicht zu vergessen. Eines Ihrer ersten Ziele, eine Ihrer ersten Intentionen beim Eintritt in einen veränderten Bewusstseinszustand sollte sein, sich zu entspannen, sobald der Fokus auf die Atmung ausgerichtet ist. Wenn Sie lernen, sich zu entspannen, wird sich das vermutlich als angenehm erweisen. Sobald Sie sich daran gewöhnt haben, dieses angenehme Gefühl zu erwarten, wird schon der Gedanke an eine tiefere Atmung die positive Erfahrung vorwegnehmen.

Future Pacing

In der Hypnose gibt es den Begriff des »Future Pacing«. Dabei vermitteln Sie sich selbst, dass Sie etwas Bestimmtes erfahren werden, sobald eine spezifische Handlung beginnt.

Wenn Sie die wohltuende Wirkung der Entspannung erwarten, sobald Sie den Fokus auf die Atmung richten, setzen Sie Erwartungen in das, was passieren wird, sobald der Prozess beginnt. Future Pacing hilft Ihnen, Ihren Fokus auf die Vertiefung des veränderten Bewusstseinszustands zu legen.

Wenn Sie Future Pacing zum Verfassen Ihrer eigenen Induktionsanleitung einsetzen, werden Sie stärkere Intentionen vorsehen und Ihren Fokus begünstigen. Wenn Sie sich an den Begriff des Future Pacing gewöhnt haben, wird es Ihnen immer leichter fallen, in einen selbst induzierten veränderten Bewusstseinszustand einzutreten. Sobald Sie mit dem Vorgang vertraut sind und die für Sie passende Methode etabliert haben, treten Sie, sobald Sie den Fokus auf Ihre Atmung richten, in kürzerer Zeit in einen tieferen veränderten Bewusstseinszustand ein. Sie schaffen damit die Erwartung, dass Sie, wenn Sie das nächste Mal selbst einen veränderten Bewusstseinszustand einleiten, automatisch und leicht in Ihre Trance zurückgleiten werden.

Selbst geführte Albtraumlösung im veränderten Bewusstseinszustand

Eine luzide Traum-Trance im geführten veränderten Bewusstseinszustand kann sich als wertvolle Technik für die Eliminierung von Albträumen erweisen, die jemanden seit Langem plagen. Diese Methode eignet sich besonders für einen wiederkehrenden Albtraum, der möglicherweise mit einem oder mehreren früheren Leben zusammenhängt. Sie könnten Ihre eigenen geführten Bilder entwickeln, die Sie durch Ihre luzide traumähnliche Trance geleiten. Sie werden Ihre Trance in ganz persönlicher Weise erleben, weil jeder Mensch Bilder unterschiedlich verarbeitet. Vielleicht sehen Sie den Vorgang wie einen Traumfilm, erfahren die Traum-Trance, während sie andauert, oder beides.

Wenn Ihr Albtraum mit einem anderen Zeitabschnitt verbunden ist, möchten Sie dorthin zurückgehen und begreifen, was passiert ist. Verändern Sie dann entweder das Ergebnis oder gehen Sie dorthin zurück, wo das Negative seinen Ausgang genommen hat. Wenn Sie in der Vergangenheit etwas Positives finden, stellen Sie eine Verbindung zu dieser Person oder dem Aspekt Ihrer Seele her und bringen Sie positive Heilung und Lösung in das Ergebnis ein.

Luzides Träumen zum Spaß

Sobald Sie Übung im luziden Träumen haben, werden Sie es nicht bloß zur Auflösung von Albträumen einsetzen. Für manche Menschen bieten luzide Träume eine Möglichkeit für Abenteuer, die sie im realen Leben niemals erleben könnten. Sie können mit einer Rakete zum Mond fliegen oder in die Tiefen eines Ozeans eintauchen. Sie können das Rad der Zeit zurückdrehen und erfahren, wie das Leben in früheren Zeiten war. Sie können in die Zukunft reisen und erleben, wie es in vielen Jahren sein wird.

Hier ist eine Übung für die Auflösung eines Albtraums aus einem vergangenen Leben mittels luzider Traum-Trance, die Sie einmal versuchen können. Sie können sie nehmen wie beschrieben, verändern oder gänzlich neu erfinden:

Nehmen Sie sich einige Augenblicke Zeit und machen Sie es sich an dem Ort, wo Sie diese Übung versuchen möchten, bequem. Atmen Sie tief ein und langsam aus. Fahren Sie damit fort und senden Sie den schützenden Helfern um Sie herum, die Ihnen bei der Lösung und Heilung von Problemen aus der Vergangenheit helfen, die in Ihren Albträumen auftauchen, Dankbarkeit und Liebe.

Nehmen Sie sich selbst als sicher und geschützt wahr, während Ihre Augen den Fokus verlieren. Fühlen Sie, wie sich Ihre Muskeln entspannen, vom Scheitel abwärts bis zu Ihren Fußsohlen. Erinnern Sie sich an Ihre Intentionen für eine luzide Traum-Trance, welche Ihre Albträume positiv verändert, heilt und auflöst.

Wenn Sie dazu bereit sind, zählen Sie abwärts von fünf bis null und nehmen Sie sich vor, bewusst zu erleben, wie Sie in Ihre luzide Traum-Trance gleiten. Sie werden während der gesamten luziden Traum-Trance sowie davor und danach von Ihren Helfern bewacht und beschützt.

Sagen Sie sich, dass Sie, sobald Sie bei null angelangt sind, ein Bild aus einem vergangenen Albtraum abrufen und es wie einen Film ablaufen sehen werden. Es wird Ihnen möglich sein, in die Bilder einzutreten und sie zu verlassen, um den Grund für die Albträume zu erfahren.

Erinnern Sie sich, während Sie langsam abwärtszählen, an Ihre Intentionen, wiederholen Sie Ihre Vorgaben jeweils zwischen den Zahlen. Fünf (Pause). Vier (Pause). Drei (Pause). Zwei (Pause). Eins (Pause). Null (Pause). Fühlen Sie, wenn Sie bei null angelangt sind, die schützenden Helfer um sich. Richten Sie den Fokus auf die Bilder, die vor Ihrem geistigen Auge auftauchen.

Gehen Sie nun an einen Ort vor Beginn des Albtraums. Es könnte sich um eine glückliche Zeit im Leben der Person handeln, mit der Sie im Albtraum zu tun hatten. Sehen Sie diese Person. Betrachten Sie die Welt aus dem Blickwinkel der Person, die vor Ihrem geistigen Auge erschienen ist. Wie sieht ihre Kleidung aus, wie fühlt sie sich an? Wie sieht ihr

Haar aus, wie fühlt es sich an? Was trägt die Person an den Füßen? Wie sind Temperatur und Tageszeit? Wie ist die Stimmung der Person? Nehmen Sie Geräusche, Gerüche oder Geschmäcker wahr? Was passiert rund um die Person?

Betrachten Sie die Bilder wie einen Film, während Sie sich auf den Grund des Albtraums zubewegen. War das der Moment, als die Person starb? Wenn nicht, gehen Sie weiter bis zu dem Punkt, an dem diese Person starb, und erfahren Sie deren letzte Gedanken, ohne irgendetwas davon physisch zu erleben.

Nun haben Sie die Möglichkeit, die Szene zu verändern oder zu einer glücklicheren Zeit zurückzugehen und eine Verbindung zwischen dieser Erfahrung und Ihrem heutigen Sein herzustellen. Nützen Sie die Liebe und Dankbarkeit in Ihrem Herzen, um das negative Ergebnis aufzulösen oder sich mit ihm zu versöhnen. Bewegen Sie sich für einen Moment in Ihrem Leben vorwärts, um herauszufinden, wie das Erfahrene Ihnen in Zukunft helfen wird.

Kehren Sie dann wieder zurück in die Vergangenheit und prüfen Sie, ob es noch andere Episoden gibt, die zu Ihren Albträumen beitragen. Wenn Sie noch welche finden, machen Sie dieselbe Übung erneut, bis alle gelöst sind. Träumen Sie sich wieder nach vorne und kommen Sie in den Genuss eines Schlafs ohne Albträume. Sagen Sie sich, während Sie langsam von null bis fünf zählen, dass Sie die Lösung und Heilung Ihrer alten Albtraumprobleme in Erinnerung behalten werden. Fühlen Sie Dankbarkeit und Liebe, während Sie wieder zurück an die Oberfläche Ihres Bewusstseins gleiten, nehmen Sie wahr, wo Sie sind und dass Sie sich entspannt und positiv fühlen.

Albträume in einem geführten veränderten Bewusstseinszustand auflösen

Es ist auch möglich, sich von jemand anderem, etwa einem Hypnotiseur, in einen veränderten Bewusstseinszustand führen zu lassen, der Sie einen luziden Traum erfahren lässt. So wie Sie von Natur aus, ohne spezielles Training, luzide Träume haben und Verbindung zu Ihren Träumen aufnehmen können, kann es auch sein, dass Sie von Natur aus in eine tiefe Hypnose eintreten. Das hängt von Ihrer Fähigkeit ab, den Fokus auf Ihre Vorstellungskraft zu lenken. Je realer Ihre Visualisierungen erscheinen, desto tiefer fallen Sie in Trance.

Ein Hypnotiseur ist nur jemand, der Ihnen beim Eintreten in einen veränderten Bewusstseinszustand hilft. Sie selbst führen diese Erfahrung mithilfe der Anregungen eines Helfers herbei. Es ist möglich, einen veränderten Bewusstseinszustand alleine herbeizuführen (wie oben beschrieben), aber vielleicht einfacher, wenn eine andere Person Sie dorthin geleitet. Der Vorteil dabei ist, dass Sie dann nicht so aufmerksam bleiben müssen.

Die Suggestivkraft

Ein Hypnotiseur kann die Kraft der Suggestion mit Future Pacing kombinieren und Sie damit in einen luziden Traum führen. Sobald Sie einen tiefen veränderten Fokus erreicht haben, wird Ihnen suggeriert, dass Sie sich nun in einem luziden Traum befinden, sich dessen voll bewusst sind, sich im Traum bewegen und Änderungen vornehmen können, wenn Sie möchten. Der Hypnotiseur kann einen Traum zu einem vorher festgelegten Thema oder einfach die Erfahrung des für Sie zu diesem Zeitpunkt richtigen luziden Traums suggerieren.

> **»Jede Hypnose ist Selbsthypnose«**
> Das bedeutet, dass jeder für sich selbst eine Trance erzeugt, nicht der Hypnotiseur oder eine andere Person. Der Hypnotiseur hat die Aufgabe, mit Suggestionen die Trance zu beeinflussen, die der Hypnotisand entstehen lässt. Widersetzt sich der Hypnotisand den Suggestionen, tritt er nicht in eine Trance ein.

Sobald Sie wissen, was ein luzider Traum ist, kann der Hypnotiseur suggerieren, dass Sie einen solchen haben, sich dessen voll bewusst sein und mit dem Traum interagieren werden, während Sie sich in Ihrem veränderten Bewusstseinszustand der Trance befinden. Er kann auch suggerieren, dass Sie sich bei Ihrer Rückkehr aus der Trance an alle Einzelheiten des erlebten luziden Traums erinnern werden. Sie können vielleicht nicht sagen, ob Sie einen luziden Traum hatten oder in einer hypnotischen Trance waren, aber man könnte es so ausdrücken, dass Sie einen luziden Traum erlebten, während Sie sich in einem veränderten Bewusstseinszustand befanden.

Wirkung einer begleiteten Traum-Trance
Eine auf diese Weise begleitete luzide Traum-Trance hat einen großen Vorteil: Auch der Hypnotiseur kann mit dem luziden

Traum interagieren. Sie können schildern, was im Traum abläuft, und er kann Vorschläge anbieten, mit deren Hilfe Sie wesentlich mehr Informationen aus dem luziden Traum mitnehmen können, als dies normalerweise der Fall ist, wenn Sie den Traumzustand verlassen.

Ein ausgebildeter Hypnotiseur ist in der Lage zu erkennen, was Sie in einer luziden Traum-Trance erfahren müssen. Er kann Szenarios für den Traum vorgeben und Sie durch Ihre Erfahrungen begleiten. Er kann Ihnen auch helfen, in der luziden Traum-Trance zu verweilen, wenn Sie alleine zurück an die Oberfläche Ihres Denkens kommen würden, ohne die Traumerfahrung voll genutzt zu haben. Natürlich ist ein spezifisches Ziel nicht Voraussetzung für eine luzide Traumerfahrung. Sie können auch nur um der Erfahrung willen in eine luzide Traum-Trance gehen.

Sprechen im luziden Traum während eines veränderten Bewusstseinszustands

Solange eine Verbindung zwischen Hypnotiseur und Hypnotisand besteht, kann Letzterer dem Hypnotiseur antworten. Nach Einleitung des veränderten Bewusstseinszustands gibt es einen Punkt, an dem die Interaktion mit dem Hypnotisanden abreißt und dieser in den Schlaf abgleitet. Manche Menschen hören abends als Einschlafhilfe aufgenommene Suggestionen. Die letzte Suggestion könnte in etwa lauten: »Wenn diese Aufnahme endet, werden Sie in einen erholsamen, entspannenden Schlaf fallen.«

Suche nach vergangenen Leben

Geschickte Hypnotiseure können veränderte Bewusstseinszustände schaffen, die den Hypnotisanden zu Erinnerungen an vergangene Leben führen und sie dieses Leben erkunden lassen, bis sie begreifen, wie es sich auf das gegenwärtige Leben auswirken könnte. Diese Erfahrung kann zur Lösung von Problemen beitragen und positive Veränderungen im Leben des Hypnotisanden bewirken.

Wurde dem Hypnotisanden suggeriert, dass er einen luziden Traum erfährt, bleibt dieser trotzdem in Kontakt mit dem Hypnotiseur. Dieser kann Fragen zu den Erfahrungen stellen und Vorschläge zur Veränderung der Bilder im Traum machen. Wie bei jedem anderen luziden Traum kann der Hypnotisand angewiesen werden, sich selbst zu sagen, dass die Erfahrung nicht real ist und daher beliebig abgewandelt werden kann. Weil der Hypnotiseur überwacht oder steuert, was der Hypnotisand träumt, kann er die für diesen besten Ergebnisse suggerieren.

Ein begleiteter luzider Traum im veränderten Bewusstseinszustand ist für jemanden, der es mit Albträumen zu tun hat, eine sehr wertvolle Erfahrung. Bei DILD (Dream Induced Lucid Dream) bereitet sich die betroffene Person auf die Erfahrung eines luziden Traums für den Fall vor, dass dieser eintritt. In einem begleiteten veränderten Bewusstseinszustand kann eine gut suggestierbare Person beim ersten Versuch eine luzide Traumerfahrung haben, die den Albtraum bereits auflösen kann. Der Hypnotisand kann am Ende der luziden Traumvisualisierung eine Suggestion erhalten, dass dieser Albtraum nicht wieder auftreten wird.

Erinnerung an die Erfahrung

Können Sie sich nach einem tiefen veränderten Bewusstseinszustand an Ihre Erfahrungen erinnern? Die Antwort lautet Ja, wenn Ihnen suggeriert wird, dass Sie sich an das, was im veränderten Bewusstseinszustand abgelaufen ist, erinnern können. Einige Personen, die völlig den Kontakt zu ihrem Bewusstsein verlieren, wenn sie sich im veränderten Bewusstseinszustand befinden, haben bei ihrer Rückkehr aus dem Zustand vielleicht keine Erinnerung an das Geschehene. Manche werden sich an Teile erinnern können, wobei – je nach Tiefe der Trance – nach und nach noch Einzelheiten auftauchen.

Am Ende eines veränderten Bewusstseinszustands sollten immer positive Suggestionen stehen. Der Hypnotiseur könnte etwa suggerieren:

Wenn Sie das volle Bewusstsein wiedererlangen, werden Sie sich positiv und entspannt fühlen. Sie werden sich voll an Ihre luzide Traumerfahrung erinnern, ohne unter negativ erscheinenden Ereignissen zu leiden. Sie werden begreifen, wie Sie positive Veränderungen vornehmen konnten, die im Traum nötig waren. Sie werden sich positiv und entspannt fühlen und Ihre Umgebung bewusst wahrnehmen.

Erinnern oder vergessen

Einem Hypnotisanden kann suggeriert werden, sich an nichts zu erinnern, was er erlebt hat, wenn er aus einem veränderten Bewusstseinszustand aufwacht. Diese Erinnerung kann durch eine andere Suggestion leicht wiederhergestellt werden. Man kann auch suggerieren, dass im Lauf der nächsten Tage noch mehr Einzelheiten ins Gedächtnis kommen, während die Informationen aus der Erfahrung verarbeitet werden.

Die Suggestionen sollten positiv und hilfreich sein. Die Formulierung hängt von den Zielen des luziden Traums und der Erfahrung ab. Wichtig ist, sie so zu formulieren, dass die volle Erinnerung an die luzide Traumerfahrung erhalten bleibt, etwaige negative Situationen in den Traumbildern aber ohne Wirkung bleiben.

Weil auf den Worten des Hypnotiseurs ein starker Fokus liegt, müssen diese sorgfältig abgewogen werden, damit die beabsichtigte Reaktion eintritt.

Sie brauchen, wenn Sie den veränderten Bewusstseinszustand verlassen, ein wenig Zeit, um sich in Ihrem Umfeld zurechtzufinden. Womöglich hatten Sie einen so intensiven Traum, dass Sie beim Erwachen gar nicht wissen, wo Sie sind. Das kann besonders beunruhigend sein, wenn Sie aus irgendeinem Grund plötzlich erwachen. Dasselbe gilt, wenn Sie einen veränderten Bewusstseinszustand verlassen.

Dauerhafte Veränderung

Suggerieren Sie sich nach der luziden Traum-Trance, dass Sie weiterhin von der Liebe und Unterstützung Ihrer Helfer umgeben sein werden, wohin Sie auch gehen, was immer Sie nachts träumen. Erinnern Sie sich täglich daran, wie dankbar Sie sind, frei von den alten Albträumen zu sein. Halten Sie mehrmals am Tag inne, atmen Sie tief durch und spüren Sie die positive Energie, die Sie umgibt.

Beschreiben Sie genau, wie der Albtraum Ihnen erschien. Lassen Sie über alle fünf Sinne ein positives schützendes Bild erstehen. Spüren Sie dieses Bild für einige Augenblicke voller Dankbarkeit und Liebe.

Übung macht den Meister

Je mehr Sie positive Visualisierungen mit bedingungsloser Liebe und Dankbarkeit üben, desto mehr werden diese zu einem Teil Ihres Selbst. Wenn das Unbewusste die Botschaft der bedingungslosen Liebe und Dankbarkeit erst aufgenommen hat, wird sie auch in Ihrem Bewusstsein erscheinen und wirken, wie beabsichtigt.

Rufen Sie sich nun das negative Bild ins Gedächtnis. Legen Sie ein kleines positives Bild über das große negative. Drücken Sie nun das positive gegen das negative, um es zu beseitigen. Holen Sie das negative zurück und wiederholen Sie den Vorgang, bis vom negativen Bild nichts mehr übrig ist. Atmen Sie tief ein und aus und empfinden Sie Dankbarkeit, dass Sie nun frei von alten negativen Bildern und Träumen sind. Wenn Sie diese Übung einmal pro Tag machen, können Sie das Schreckgespenst Albtraum fernhalten.

Verdauung und Träume

Werden bestimmte Nahrungsmittel zu spät am Tag gegessen, können sie zu Träumen und Albträumen beitragen. Alkohol und Kohlenhydrate werden zu Zucker abgebaut und lassen den Puls im Schlaf ansteigen. Passiert das in einer REM-Phase, werden Sie vermutlich einen schlimmen Traum haben und mit klopfendem Herzen erwachen. Der Stoffwechsel verändert sich mit zunehmendem Alter, Nahrungsmittel, die Ihnen bisher nichts ausmachten, können nun Albträume hervorrufen. Zu wissen, wie das bei Ihnen funktioniert, ist wichtig, denn dann können Sie Nahrungsmittel meiden, die nachts Probleme hervorrufen.

Teil 2

Albträume von A bis Z

Um Albträume aus Ihren Nächten zu verbannen, müssen Sie zuerst deren verborgene Bedeutung erkennen. Wenn Sie begreifen, was Ihnen Ihr Unterbewusstsein mitteilen möchte, können Sie reale Ängste auflösen oder sogar Warnungen erkennen, die Ihnen sonst entgangen wären. Wenn Sie dieses Buch auf dem Nachttisch griffbereit haben, können Sie jederzeit nachsehen, wenn Sie aus einem schlimmen Traum erwachen. Entnehmen Sie die Bedeutung der Symbole, Situationen und Menschen in Ihrem Albtraum dem folgenden Lexikon.

A

Aal

Ein Aal kann wie eine Schlange Symbol für Transformation, Sexualität, Heilung oder verborgene Emotionen sein. Achten Sie darauf, was der Aal in Ihrem Traum tut.

Abend

Spielt ein Albtraum abends, verweist das auf ungewisse oder nicht erkannte Hoffnungen. Leuchten im Traum die Sterne, deutet das auf eine schwierige Situation hin, welche von schöneren Zeiten abgelöst wird. Spaziert ein Liebespaar durch die Abendstimmung, steht das für Trennung, die »Abenddämmerung« der Beziehung.

Abenddämmerung

Die Abenddämmerung steht für das Ende des Tages. Im Traum kann sie das Ende des Glücks oder Klarheit in einer Sache bedeuten, aber auch dunkle Aussichten in einer anstehenden Angelegenheit.

Abgrund

Im Tarot ist dies der Ort, wo der Glaube geprüft wird, von wo der Narr springt, um seine eigene Magie zu entdecken. Kein Wunder also, dass ein Albtraum von einem Abgrund für Hindernisse, Ungewissheit und auch Angst stehen kann – vor dem Unbekannten, vor Versagen, vor den eigenen Fähigkeiten oder vor allem, was Sie belastet. Denn immerhin ist das Bild, in dem wir an einer Klippe, Schlucht, einem Felshang oder an einer Grube stehen – alle sind mit einem Abgrund verbunden –, fest in unser kollektives Bewusstsein gemeißelt. All diese Vorstellungen hängen mit der Angst zusammen, ins Ungewisse oder ins Leere zu fallen. In einer völlig anderen Bedeutung kann ein Abgrund für Fruchtbarkeit (Mutterleib) und neue Anfänge stehen. Achten Sie genau auf den Zusammenhang des Traums.

Abtreibung

Träume von Abtreibung sind meist nicht wörtlich zu verstehen. Häufig spiegelt ein solcher Traum Schuldgefühle über etwas wider, was Sie nicht tun sollten. Der Traum ist eine Warnung und gebietet Einhalt. Ein schlechter Traum kann auf Ängste hinsichtlich der Richtung hinweisen, die Sie in Ihrem Leben eingeschlagen haben. Er kann davor warnen, dass Sie dazu neigen, aus Angst aufzugeben und Gelegenheiten zu versäumen, die die neue Richtung bietet. Träume von einer Abtreibung können anzeigen, dass eine Beziehung plötzlich vom Kurs abgekommen ist oder Ihr Verhalten oder das des Partners einen Aspekt der Beziehung abtötet.

Abwesenheit

Wenn in einem Ihrer schlechten Träume jemand durch Abwesenheit glänzt, sind Sie möglicherweise in sich selbst auf der Suche nach etwas, das diese Person besitzt. Denken Sie darüber nach, was Sie in Ihrem Berufsleben, in einer Beziehung oder bei sich selbst vermissen. Was fehlt Ihnen zu Ihrem persönlichen Glück?

Achat

Der Augenachat, der traditionell vor dem »bösen Blick« schützt, steht für das Bedürfnis nach Sicherheit. Wenn in einem Ihrer Albträume ein Achat vorkommt, könnte Ihr Unterbewusstsein melden, dass Sie Schutz brauchen.

Adern

Adern sind wie kleine Flüsse, die Blut in die Extremitäten bringen. Wenn Ihre Adern im Traum verstopft sind, haben Sie das Gefühl, dass Ihre Vitalität oder Lebenskraft in einem bestimmten Bereich – Arbeit, Kreativität, Beziehungen und so weiter – blockiert wird. Sind Ihre Adern in einem schlechten Traum verfärbt, fühlen Sie sich vielleicht nicht voll leistungsfähig und lebendig; Sie gehen nicht an alle Bereiche Ihres Lebens mit Energie heran.

Aggression

Aggression in einem Albtraum könnte für die emotionale Freisetzung von aufgestauter Frustration oder Wut auf eine Person oder Situation im realen Leben stehen – oder sogar gegen Sie selbst gerichtet sein. Wenn im Traum nicht Sie aggressiv werden, haben Sie vielleicht das Gefühl, dass Sie von jemand anderem kontrolliert werden. Vielleicht fühlen Sie sich schwach und verletzlich. Überlegen Sie, wo Sie sich von wem unter Druck gesetzt fühlen. Wenn Sie selbst aggressiv werden, sind Sie vielleicht über sich selbst oder über die Person, die Sie angreifen, verärgert. Ein Traum dieser Art ist meist eine emotionale Freisetzung von Belastungen, die sich während des Tages angesammelt haben.

Alarm

Wenn in Ihrem Albtraum ein Alarm ausgelöst wird, deutet das darauf hin, dass Sie sich über etwas in Ihrem Leben Sorgen machen. Einen kleinen Alarm gibt es jeden Morgen, wenn es Zeit zum Aufstehen ist, überlegen Sie also auch, ob Ihr Traum bedeuten könnte, dass Sie in einem Lebensbereich einen »Weckruf« benötigen.

Alligator

Dieses Symbol kann signalisieren, dass Sie sich jemandem gegenüber takt- und gefühllos verhalten. Vorsicht, ein Alligator kann auch für Gefahr stehen!

Altar

Als Übergang oder Brücke zwischen dem Weltlichen und dem Ewigen kann ein Altar für die Notwendigkeit stehen, eine Gabe darzubringen oder anzunehmen. Im Altertum war er ein Platz der Opferung, daher hat dieses Bild eine uralte Verbindung zu solchen Assoziationen. Auch in unserer Zeit stehen Altäre im Zentrum der Anbetung, wo Menschen in göttlicher Gegenwart zusammenkommen und miteinander beispielsweise Kommunion feiern, wie im Fall des Christentums. Überlegen Sie daher, ob in Ihrem Traum irgendeine Verbindung zu einem solchen Zusammenkommen besteht.

Für viele Menschen sind Orte der Anbetung gleichzeitig Orte der Buße; daher können Altäre in Träumen Hinweise darauf sein, nichts Falsches zu tun.

Alte Frau

Bei Jung ist eine alte Frau ein archetypisches Symbol für die Macht des Weiblichen oder Pförtner zwischen Leben und Tod. Ist sie schwach oder verletzt, kann sie Symbol für einen

Teil in Ihnen sein, auf den Sie achten müssen, oder für jemanden in Ihrem Leben, der Ihre Hilfe benötigt.

Alter Mann

Wenn der alte Mann Sie in irgendeiner Weise anleitet oder anweist, ist er nach Jung'schem Denken eine archetypische Figur. Scheint der Mann schwach oder verletzt zu sein, könnte er Symbol für einen Teil in Ihnen sein, auf den Sie achten müssen, oder für jemanden in Ihrem Leben, der Ihre Hilfe benötigt. Er könnte auch bedeuten, dass Sie Ihre Ansichten über das Altern neu definieren müssen.

Ameise

Ameisen symbolisieren Ruhelosigkeit. Sie stehen auch für kleine Ärgernisse. Oder sie können ein Gefühl der Kleinheit, Unwichtigkeit ausdrücken. Wenn Sie von Ameisen träumen, berücksichtigen Sie deren Anzahl. Träumen Sie von einer einzelnen Ameise, einer Kolonie oder einem riesigen, prallen Ameisenhügel?

Wird in Ihrem Traum eine Ameise von einem riesigen Fuß zermalmt, fragen Sie sich, ob Sie das Gefühl haben, etwas oder jemand würde Sie erdrücken. Werden Ihre ehrgeizigen Pläne beispielsweise von einer Autoritätsperson gehemmt, oder versucht jemand absichtlich, Sie in Ihrem Beruf zu untergraben?

Amputation

Ein Albtraum über den Verlust von Gliedmaßen kann eine symbolische Darstellung von Verlustgefühlen oder der Trennung von einem anderen Teil Ihrer selbst in abstrakter Hinsicht sein. Wurde jemand anderem in Ihrem Traum ein Bein oder Arm amputiert, spiegelt es wider, dass diese Person von etwas abgeschnitten wurde und Sie Ihr vielleicht etwas genommen oder vorenthalten haben.

Analphabetismus

Wenn Sie im Traum nicht lesen und schreiben können, kann das zweierlei bedeuten. Entweder fällt es Ihnen im realen Leben schwer, sich auszudrücken, oder die Kommunikation zu einer nahestehenden Person ist abgerissen.

Angriff

Ein Angriff in einem Albtraum fällt in die Kategorie Ängste. Ob der Traum nun vor einem Furcht erregenden, surrealen oder übernatürlichen Hintergrund oder in einem sachlichen, realistischen Szenario abläuft, einige wesentliche Punkte sind zu beachten. Angriffsträume drücken immer ein Gefühl der Verletzlichkeit, Ungewissheit und Machtlosigkeit aus. Bedenken Sie, dass Ihr Verhalten und Ihre Reaktionen bei einem Angriff im Traum ebenso wichtig sind wie jene der Person oder des Objekts, von dem Sie angegriffen werden. Sind Sie schwach und unfähig, sich zu wehren, oder bewahren Sie Haltung und treten dem Angreifer entgegen?

Wenn Sie angegriffen werden, überlegen Sie, ob es in Ihrem Leben etwas gibt, von dem Sie meinen, Sie müssten sich dagegen wehren oder verteidigen. Wenn andererseits Sie der Angreifer sind, betrachten Sie die Dinge von der anderen Seite und überlegen Sie, ob Sie unbewusst jemanden niederhalten.

Angst

Ängste gehören zu den häufigsten Albtraumerfahrungen überhaupt. Normalerweise übertragen sich Ängste im realen Leben in seltsamer Weise in Ihre Träume. Angstträume erfordern keine tiefen Analysen. Lassen Sie Ihr Unterbewusstsein ans Werk gehen, während Sie darüber schlafen. Sie wissen, dass Ängste freigesetzt wurden, die sich tagsüber angesammelt hatten.

Anomalie

Seien Sie nicht beunruhigt, wenn in Ihrem Albtraum seltsam geformte Dinge auftauchen – ein buckliger Spiegel, ein missgebildeter Arm etwa. Eine Auslegung wäre, dass Ihr Geist offen für neue und ungewöhnliche Dinge ist. Der Traum könnte Ihnen jedoch auch sagen, dass etwas »normal« Erscheinendes nicht so ist. Wenn Sie träumen, dass jemand in Ihrem Bekanntenkreis eine Missbildung aufweist, könnte Ihre Intuition Sie warnen, dass diese Person nicht so ist, wie sie scheint.

Anschuldigung

Anschuldigungen in einem schlechten Traum können wörtlich gemeint sein. Meinen Sie, Sie hätten etwas falsch gemacht? Bei Anschuldigungen können Sie das Gefühl haben, dass man über Sie urteilt oder Sie unfair behandelt. Die Person, die in diesen Träumen über Sie urteilt, sind gewöhnlich Sie. Dieser Traum könnte auch Sorgen darüber widerspiegeln, wie Sie von anderen Menschen wahrgenommen werden.

Arbeitslosigkeit

Wenn Sie im Albtraum arbeitslos sind, könnte das tatsächliche Ereignisse repräsentieren, die aus dem realen Leben in Ihre Träume eingewandert sind. Eher lassen Sie aber Ängsten freien Lauf, dass Sie keine sinnvolle Beschäftigung haben werden oder von Ihrer Arbeit nicht leben können. Wenn Sie im Traum um Arbeit anstehen, haben Sie das Gefühl, dass Ihr Überleben von anderen abhängt.

Asche

Asche bleibt übrig, wenn etwas vom Feuer verzehrt wurde. Überlegen Sie also, ob es in Ihrem Leben Überreste von etwas gibt, sei es von einer Beziehung, einer beruflichen Situation oder irgendetwas anderem.

Außerdem ist Asche Symbol der Buße, wie es das Aschenkreuz der Katholiken am Aschermittwoch, zu Beginn der Fastenzeit, ausdrückt. Sie könnte also für etwas stehen, für das Sie Ihrem Gefühl nach Rechenschaft ablegen oder Ersatz leisten müssen.

Denken Sie ferner an die Worte, die man häufig bei Beerdigungen hört – »Asche zu Asche, Staub zu Staub…« – und die sich auf Genesis 3:19 beziehen, wo beschrieben wird, wie Menschen nach dem Tod wieder zu Erde werden. In diesem Licht ist Asche vor dem Hintergrund unseres kollektiven Kulturbewusstseins leicht als Symbol der Sterblichkeit zu erkennen.

Achten Sie auch auf Ihre eigene Einstellung zu Asche und darauf, welche Rolle sie in Ihrem Traum spielt. Das hilft Ihnen, Ihren Albtraum zu analysieren und aufzulösen.

Athame

Ein Athame ist ein zeremonielles Messer, das von Hexen, im Wicca-Kult und in anderen neuheidnischen Praktiken verwendet wird, und steht für die Tatsache, dass Werkzeuge häufig zweischneidig sind und helfen oder verletzen können.

Diese Zweischneidigkeit könnte auch für andere Situationen gelten – denken Sie an das alte Klischee vom »zweischneidigen Schwert«.

Aufzug

Wofür ein Aufzug in einem schlechten Traum steht, hängt vom Zusammenhang ab. Fährt er nach oben oder nach unten? Wie schnell fährt er? Verspüren Sie Angst? Amüsieren Sie sich? Fahren Sie mit dem Aufzug nach unten, kann das für eine Verringerung Ihres Status oder Ihrer Position stehen oder für eine Reise ins Unbewusste. Ein feststeckender Aufzug könnte andeuten, dass es in einem Aspekt Ihres Lebens derzeit zu Verzögerungen kommt. Ein abstürzender Aufzug könnte auf einen rapiden Abstieg ins Unbewusste und auf die Furcht, die Kontrolle über sein Leben zu verlieren, hindeuten.

Auge

Augen werden oft als Fenster der Seele bezeichnet. Wenn Sie von Ihren eigenen Augen träumen, öffnen Sie sich möglicherweise in Ihrem realen Leben für neue Sichtweisen oder für eine stärkere Wahrnehmung Ihrer eigenen Intuition und inneren Weisheit. Wenn Sie etwas ins Auge bekommen oder Ihr Auge blutunterlaufen ist, behindert etwas Ihre Fähigkeit, die Situation klar zu sehen. Wenn Sie jemandem in einem schlechten Traum tief in die Augen schauen, zeigt das an, dass Sie gerne so wahrgenommen werden würden, wie Sie sind.

Augenbinde

Wurden Ihnen in einem schlechten Traum die Augen verbunden, weist das darauf hin, dass jemand versucht, Sie zu täuschen oder Ihren Blick zu vernebeln. Wenn hingegen Sie jemandem die Augen verbinden, denken Sie darüber nach, ob Sie versuchen, jemandem etwas vorzumachen.

Außerirdischer

Ganz allgemein können Außerirdische im Albtraum für die Furcht vor dem Unbekannten stehen. Achten Sie jedoch darauf, wie Sie sie im Traum gefühlsmäßig aufnehmen. Wenn Sie Außerirdischen begegnen und sich in deren Gegenwart eigenartig fühlen, könnten demnächst eigenartige Dinge in Ihrem Leben eintreten.

Autostopp

Wer von Autostopp träumt, ist zu stark von anderen abhängig. Sie haben sich darauf verlassen, dass andere Sie dort hinbringen, wo Sie hinwollen, und nun müssen Sie mehr Verantwortung für Ihr Handeln übernehmen. Es kann auch eine

Warnung sein, dass Sie sich in einer Situation in Gefahr gebracht haben und in naher Zukunft vorsichtiger sein sollten.

Axt

Wie wird die Axt in Ihrem schlechten Traum eingesetzt? Wenn Sie eine Axt schwingen, bedeutet das, dass Sie versuchen, ein Problem oder eine Situation in Stücke zu zerteilen, die zu bewältigen sind. Ist die Axt auf Sie gerichtet, haben Sie vielleicht die Befürchtung, jemand könnte versuchen, wichtige Teile Ihrer Persönlichkeit zu beseitigen.

B

Badezimmer

Wenn Sie sich im Traum im Badezimmer sehen, kann das einfach bedeuten, dass Ihre Blase voll ist. Das Badezimmer kann auch für einen Rückzugsort stehen. Ist es voller Menschen, kann der Albtraum besagen, dass Sie an einem Mangel an Rückzugsmöglichkeiten leiden. Wenn Sie sich im Waschraum für das andere Geschlecht wiederfinden, kann das darauf verweisen, dass Sie Grenzen überschreiten. Ein Badezimmertraum kann auch darauf bezogen sein, dass Sie etwas aus Ihrem Leben eliminieren.

Bahre

Wenn Sie von einer Bahre träumen – und mag sie noch so schön mit Blumen geschmückt sein –, werden Sie einen Verlust erleiden.

Bande

Wenn Sie es in einem schlechten Traum mit einer Bande zu tun haben, sind Sie in einer aktuellen Situation beunruhigt, würden ihr sehr gerne entkommen. Sie haben vielleicht auch das Gefühl, dass sich andere zusammengerottet haben und Sie allein versuchen dagegenzuhalten. Stellen Sie sich dem Problem, dann wird dieser beunruhigende Traum Sie nicht mehr quälen.

Bär

Der Traum von einem Bären kann etwas über Ihr Gemüt aussagen (wenn Sie »brummig« sind). Der Bär symbolisiert traditionell Nachsicht, Beschützerinstinkt, Furchtlosigkeit und möglicherweise Ruhebedarf in Vorbereitung auf eine anstrengende Situation.

Bauch

Wenn Ihnen Ihr Bauch in einem Albtraum erscheint, deutet das darauf hin, dass eine neue Idee oder ein neuer Lebensabschnitt heranwächst oder verarbeitet, »verdaut« wird. Ist der Bauch dick angeschwollen, steht vielleicht die Geburt eines neuen Projekts unmittelbar bevor.

Bauchredner

Wenn Sie von einem Bauchredner träumen, sollten Sie sich vor Täuschung und Betrug in Acht nehmen. Ein Bauchredner in einem Traum kann auch bedeuten, dass eine Liebesaffäre für Sie ein böses Ende nehmen könnte.

Beerdigung

Sie bezieht sich gewöhnlich nicht auf den Tod, sondern auf einen Abschied von einer Denk- oder Lebensweise. Sie steht für Veränderung und Transformation. In seltenen Fällen kann sie Sorgen über das Älterwerden ausdrücken. Achten Sie auf Ihre Gefühle während der Beerdigung im Traum – sie lassen darauf schließen, wofür das Symbol steht.

Beleidigung

Werden Sie im Traum beleidigt, heißt das, dass Sie unfair mit sich selbst umgehen. Worin bestehen die Beleidigungen? Ist es das, was Sie für sich selbst empfinden? Wenn Sie jemanden im Traum beleidigen, entspricht das häufig Ihren Gefühlen für diese Person.

Betrug

Wenn Sie von Betrug träumen, kann das eine Warnung vor sich selbst oder vor anderen sein. Wer betrügt im Albtraum? Wenn Sie es sind, haben Sie anderen Einblicke in Ihre Persönlichkeit gewährt und fühlen sich nun angreifbar.

Bettler

Im übertragenen Sinn steht ein Traum von einem Bettler für einen Mangel, ein Gefühl der Unzulänglichkeit oder Erfolglosigkeit oder aber für Bedürftigkeit. Wörtlicher genommen kann der Bettler ein Symbol für die weniger Glücklichen sein und auf eine Sorge um die Armen oder das Bedürfnis, anderen zu helfen, verweisen. Wenn Sie im Traum als Bettler auftreten, kann das anzeigen, dass Sie Hilfe erhalten werden, wenn Sie sie brauchen.

Biene

Ein Bienenstich schmerzt und erwischt Sie häufig, wenn Sie am wenigsten damit rechnen. Daher kann ein Albtraum über Bienen ein Gefühl des Verletztseins oder Angst vor dem Verletztwerden zum Ausdruck bringen. Bienen sind außerdem sehr fleißig, fliegen von Blüte zu Blüte, um ihren Honig zu sammeln. In diesem Zusammenhang können sie Symbol für Fleiß, Produktivität und Erfolg sein.

Blindheit

Blindheit im Traum deutet auf die Unfähigkeit oder fehlende Bereitschaft hin, etwas wahrzunehmen oder eine Person, Situation oder einen Umstand so zu sehen, wie sie/er ist.

Blitz

Ein Albtraum, in dem ein Blitzschlag vorkommt, zeigt eine Inspiration oder plötzliche Erkenntnis an, wie sich eine Sache wirklich darstellt. Ein Blitz kann auch für Reinigung, Furcht vor Autorität oder vor Tod stehen.

Blutegel

Blutegel sind albtraumhafte Blutsauger. Wenn Sie von Blutegeln träumen, sollten Sie sich fragen, ob Ihnen eine Person oder Lebenssituation Energie nimmt. Blutegel können auch für schwierige Übergangsphasen stehen.

Bluten

Blut ist lebenswichtig, Blutverlust im Traum deutet auf Machtverlust und Verschlechterung hin. Blut ist auch ein Zeichen für eine Wunde oder Verletzung. Auch wenn es sich im Traum um eine echte Wunde handelt, kann damit eine Verletzung Ihres Gefühlslebens oder eine seelische Verwundung gemeint sein, die Sie im realen Leben erlitten haben.

Blutung

Ein Albtraum, in dem es um eine Blutung geht, zeigt an, dass eine Situation oder eine Person in Ihrem Leben Ihnen viel Lebenskraft nimmt. Jemand oder etwas »saugt« Sie emotional aus, Sie merken, dass Ihre Energie zu Ende geht.

Bombe

Eine Bombe in einem Albtraum symbolisiert üblicherweise eine explosive Situation, die jederzeit hochgehen kann. Achten Sie darauf, was in diesem Traum passiert. Wenn Sie zum Beispiel vorsichtig mit einer Bombe hantieren oder versuchen, sie zu entschärfen, deutet das auf eine potenziell schwierige Situation hin, in der Sie sehr vorsichtig vorgehen müssen.

Brücke

Da eine Brücke zwei Orte miteinander verbindet, könnte sie im Traum eine Verbindung von einem Geisteszustand zu einem anderen repräsentieren. Achten Sie auf die anderen Elemente des Traums. Überqueren Sie gefährliche Wasser? Was erwartet Sie an der anderen Seite der Brücke? Was ist hinter Ihnen?

Brunnen

Wenn Sie im Albtraum in einen Brunnen fallen, symbolisiert das einen Kontrollverlust in einer anstehenden Sache. Ein ausgetrockneter Brunnen zeigt an, dass Sie einen Teil Ihres Lebens als leer empfinden und dieser genährt werden muss. Wasser vom Brunnen zu holen bedeutet die Erfüllung emotionaler Wünsche.

Buch

Bücher stehen für Wissen, Information und Verständnis. Achten Sie auf das Alter des Buchs. Handelt es sich beispielsweise um ein altes Buch, könnte das Wissen in Form von Weisheit von jemandem stammen, der über mehr Lebenserfahrung verfügt. Ist es ein ganz neues Buch, könnte es ein Symbol für neues Wissen sein, auf das Sie bald stoßen werden.

Bussard

Kommt in einem Albtraum ein Bussard vor, seien Sie vorsichtig. Wahrscheinlich wird ein alter Skandal zum Vorschein kommen und Ihren Ruf schädigen. Sitzt in Ihrem Traum ein Bussard auf Gleisen, könnten Sie in naher Zukunft einen Unfall oder Verlust erleiden. Wenn der Bussard in Ihrem Traum fortfliegt, werden alle Schwierigkeiten beseitigt werden!

C

Chaos

Wenn im Traum Chaos oder Durcheinander herrscht, fühlen Sie sich in Ihrem Leben gerade überfordert. Wenn Sie für das Chaos in Ihrem Albtraum verantwortlich sind, dann ist Ihnen bewusst, dass andere mit Ihrem Verhalten unzufrieden sind.

Clown

Wenn Sie Clowns eher nervig finden, können diese im Albtraum die Angst vor dem Unbekannten und Dunkel, die unsicheren Aspekte in Ihnen, repräsentieren. Wenn Sie auf Clowns mit Freude reagieren, kann ein schlechter Traum über einen Clown bedeuten, dass Sie sich nach glücklicheren, einfacheren Zeiten sehnen.

D

Dachboden

Ob Sie nun in Ihrem Heim einen Dachboden haben oder nicht oder in einem Haus mit Dachboden aufgewachsen sind, Sie können sich in einem Traum auf einem Dachboden wiederfinden. Er ist gewöhnlich ein Ort der Erinnerung und der Erbstücke. Wenn Sie von einem Dachboden träumen, könnten Sie Sehnsucht nach alten Zeiten haben oder aber Muster in Ihrer Familie verarbeiten, die im realen Leben eine Belastung sind.

Der Dachboden kann auch der Ort wiederentdeckter Schätze sein, von denen Sie gar nicht wissen, dass sie da sind. Wenn Sie von einem überraschenden Fund auf dem Dachboden träumen, macht Ihr Unterbewusstsein Sie auf Schätze in Ihrer Persönlichkeit aufmerksam, die Sie neu entdecken und ausleben müssen.

Vielleicht sollten Sie Teile Ihrer selbst »abstauben« oder Dinge aus der Vergangenheit entsorgen, an die Sie sich klammern. Möglicherweise erkunden Sie im Traum den Bereich des höheren Selbst oder suchen nach Wissen von höherer Stelle.

Dick

Ein schlechter Traum, in dem Sie sehr dick sind, könnte mit Sorgen über Ihre Ernährung oder Ihr Aussehen zusammenhängen, aber auch eine Metapher für Wohlstand und Überfluss beziehungsweise für übermäßigen Genuss sein.

Dieb

Wenn in Ihrem Traum jemand etwas stiehlt, klingt darin an, dass man Ihnen etwas wegnimmt. Das muss nicht unbedingt ein Diebstahl materieller Güter sein. Es könnte sich auch um Abstrakteres handeln, etwa einen Chef oder Kollegen, der Ihre Energie oder Ihre Ideen stiehlt. Wenn Sie der Dieb sind, könnte darin eine Warnung enthalten sein, dass Sie sich nehmen, was Ihnen nicht zusteht, und Sie Ihr Verhalten ändern sollten.

Dolch

Wenn in Ihrem Albtraum ein Dolch vorkommt, fühlen Sie sich vielleicht von einer Situation in Ihrem Leben emotional bedroht. Wenn Sie Dolche in jemandes Augen erblicken, fühlen Sie dessen Missbilligung. Wenn Sie mit Dolchen werfen, missbilligen Sie etwas in sich selbst oder in einer anderen Person, teilen das aber nicht direkt mit und versuchen auch nicht, es zu bereinigen.

Dorn

Ein Dorn steht für etwas Störendes – »ein Dorn im Auge«.

Drachen

Drachen hängen mit Intuition und medialen Fähigkeiten zusammen. Sie wissen vielleicht, dass etwas passieren wird, möchten es aber nicht zugeben. Drachen stehen auch für Autorität und Macht. Wie stehen Sie zu dem Drachen in Ihrem Traum?

Drogen

Träume über Drogen sind häufig wörtlich zu verstehen – Sie stehen unter deren Einfluss. Werden Ihnen im Traum Drogen angeboten, bezieht sich das gewöhnlich auf schlechte Einflüsse in Ihrem Umfeld. Wer bietet sie Ihnen an? Drogen können auch darauf hindeuten, dass ein Teil von Ihnen aus der Verantwortung entlassen werden möchte.

Dschungel

Ein Dschungel kann für einen verborgenen, dunklen Teil Ihres Selbst stehen, den Sie meiden. Ihr Unbewusstes könnte Sie darauf hinweisen, dass Sie diesen Teil Ihrer selbst erforschen müssen. Er könnte auch für einen großen, noch unberührten fruchtbaren Bereich für spirituelles Wachstum in Ihnen stehen.

Dunkelheit

Dunkelheit ist ein Symbol des Unbewussten, des Verborgenen, des Unbekannten. Dunkelheit kann auch für das Böse, für Tod und Angst stehen. Wer von Dunkelheit eingeholt wird, verspürt Furcht oder Beklommenheit bezüglich einer anstehenden Angelegenheit. Wenn Sie im Traum einen Freund oder ein Kind in der Dunkelheit verlieren, symbolisiert das Provokation von mehreren Seiten.

Dunkelheit steht für einen Mangel an »Erleuchtung«, und das kann auch im übertragenen Sinn für manche Aspekte Ihres Lebens gelten.

Es kann für vieles stehen, von einer Situation, die Sie deprimiert, bis zu einer Übergangsphase, in der Sie sich an etwas Neues gewöhnen – etwa wie »im Dunkeln tappen«. Ein Traum von Dunkelheit kann sich auch auf das Gefühl beziehen, zu etwas keinen Bezug zu haben, weil man »im Dunkeln« gelassen wurde.

Dunst

Wie Nebel deutet Dunst auf vorübergehende Unsicherheit oder mangelnde Klarheit hin. Wenn Sie andere im Dunst sehen, heißt das, Sie werden von deren Pech und Unsicherheit profitieren.

Dürre

Dürre in einem Albtraum ist im Allgemeinen ein schlechtes Vorzeichen, sie steht für fehlendes Leben oder das Austrocknen Ihrer Emotionen. Ist in dem Traum jemand bei Ihnen? Vielleicht verursacht ein ungelöstes Problem Streit oder Trennung zwischen Ihnen und einer nahestehenden Person.

Durst

Ein Traum, in dem Sie durstig sind, bedeutet, dass Sie Nahrung brauchen, ob körperlich, geistig oder seelisch. Wenn im Traum andere ihren Durst stillen, könnte das im übertragenen Sinn heißen, dass diese Nahrung von anderen kommen wird.

Düsternis

Ist in Ihrem Albtraum um Sie herum alles düster, empfinden Sie vermutlich Ihre derzeitige Situation ebenso. Was deprimiert Sie? Sehen Sie sich die anderen Personen an und prüfen Sie, ob diese einen positiven Einfluss auf Ihr reales Leben haben.

Dynamit

Wenn Sie von Dynamit träumen, fürchten Sie eine potenziell explosive Situation. Stehen Ihre unterdrückten Emotionen kurz vor dem Ausbruch? Untersuchen Sie weitere Merkmale des Albtraums, um herauszufinden, wo das Problem liegt.

E

Echo

Wenn Sie in Ihren Träumen ein Echo hören, haben Sie das Gefühl, dass Ihnen niemand wirklich zuhört oder hört, was Sie sagen. Es könnte auch darauf hindeuten, dass Sie sich einsam fühlen und mehr Kontakt mit anderen Menschen suchen sollten.

Ehebruch

Wenn Ihr Partner Sie im Albtraum betrügt, machen Sie sich vermutlich wirklich darüber Sorgen. Was aber noch nicht heißen muss, dass er untreu ist. Nehmen Sie in diesem Fall den Traum als Ausgangspunkt für die Erkundung möglicher Beziehungsprobleme. Ehebruch kann auch einfach bedeuten, dass Sie Ihre Bedürfnisse und Gefühle in einer Beziehung nicht ehrlich aussprechen. Achten Sie auf eine gute Kommunikation mit dem Partner, um die Nähe zu erhalten. Wenn Sie in keiner Beziehung sind, denken Sie darüber nach, wo Sie in Ihrem Leben die eigenen Werte verraten.

Eidechse

Eidechsen häuten sich, als Traumsymbol stehen sie daher für die Fähigkeit, sich von alten Dingen zu lösen und neu zu beginnen.

Eifersucht

Auf wen sind Sie im Traum eifersüchtig? Auf jemanden, den Sie kennen, oder auf einen Fremden? Wenn es ein Bekannter ist, kann es ein wörtlich gemeinter Traum sein. Bei einem Fremden könnte es sein, dass Sie sich in hohem Maße unzulänglich fühlen.

Einbruch

Wenn im Traum jemand in Ihr Haus einbricht, befürchten Sie, dass jemand Ihre Ideale ändern oder sich ungefragt einmischen wird. Wenn Sie Geräusche wahrnehmen, könnte es sich um einen wörtlich gemeinten Traum handeln, Sie sollten der Sache nachgehen. Sind die Sicherheitsvorkehrungen in Ihrem Heim ausreichend?

Einsiedler

Ein Einsiedler im Traum ist ein Zeichen, dass Sie Geduld haben und warten müssen, bis die Dinge von selbst in Ordnung kommen. Es ist nicht der richtige Zeitpunkt zum Handeln. Es bedeutet auch, dass Sie die Zeit, die Sie alleine verbringen, genießen und auf Ihre innere Weisheit hören sollten.

Eis

Eis kann einen Gefühlszustand des Träumenden oder einer Figur im Traum symbolisieren. Bereitet man Ihnen einen »eisigen Empfang«? In einer heiklen Situation könnten Sie sich auf »dünnem Eis bewegen«. In sexuellen Zusammenhängen steht Eis für Frigidität. Wenn in einem Albtraum Eis auf einem klaren Fluss treibt, signalisiert das eine Unterbrechung glücklicher Zeiten. Eis essen im Traum kündigt Krankheit an.

Eisberg

Fährt jemand im Traum auf einen Eisberg auf, gibt es im Gefühlsleben Turbulenzen, oder sie kündigen sich an. Das ist ein gutes Zeichen dafür, dass Sie zwar Hindernisse bewältigen müssen, aber alles gut geht, wenn Sie die warnenden Hinweise beachten und Ihre Emotionen verarbeiten, sobald sie auftreten.

Eiszapfen

Eiszapfen stehen für Gefahr oder Ihre Sorge in einer Angelegenheit, die in irgendeiner Form über Ihnen schwebt. Fallen im Traum Eiszapfen von Bäumen oder von der Regenrinne eines Hauses, deutet das an, dass ein misslicher Umstand bald verschwinden wird. Eiszapfen an immergrünen Pflanzen könnten ein Symbol dafür sein, dass schöne Zukunftsaussichten von Zweifeln überschattet werden.

Eklipse

Eine Eklipse steht für eine Unterbrechung des Normalen. Es kann sich um eine Art Übergangszustand handeln, häufig zwischen zwei unterschiedlichen Lebensphasen. Eine Eklipse kann auch signalisieren, dass in Ihrem Leben kosmische Kräfte am Werk sind. Eine Mondfinsternis beispielsweise ist eine Warnung, dass Sie möglicherweise versuchen, vor Ihren magischen Fähigkeiten zu fliehen. Umgekehrt besagt eine Sonnenfinsternis, dass jemand seine Überzeugungen nicht hinreichend untermauert und für Vernunft nicht zugänglich ist.

Enterbung

Wenig überraschend steht ein Traum von Enterbung für Verlust und harte Zeiten.

Entführung

Wenn Sie im Traum entführt oder gekidnappt werden, bedeutet das, dass Sie sich im realen Leben unter Druck gesetzt fühlen, etwas zu tun oder zu sagen, von dem Sie nicht überzeugt sind und das Sie nicht tun wollen. Entführungsträume rühren oft von Schuldgefühlen her, wenn Sie etwas getan haben oder tun werden, was Ihnen eigentlich nicht entspricht. Wenn Sie sehen, wie jemand anderer entführt wird, weist das darauf hin, dass Sie Gelegenheiten nicht wahrnehmen.

Entführungsträume können auch Anzeichen sein, dass Ihrer Meinung nach jemand anderer von Ihrer Arbeit profitiert.

Enthauptung

Ein Albtraum von einer Enthauptung kann auftreten, wenn Sie sich von Ihrem eigenen Körper irgendwie losgelöst fühlen. Vielleicht möchten Sie bestimmte Gedankenmuster abstellen oder eine bestimmte Denkweise mit Ihrem physischen Alltagsleben in Einklang bringen. Sie könnten auch fürchten, im realen Leben in einer Situation »den Kopf zu verlieren«.

Epauletten

Ein Mann, der von Epauletten träumt, ist möglicherweise bei seinen Freunden für einige Zeit in Ungnade gefallen. Trifft eine Frau im Traum einen Mann mit Epauletten, ist Vorsicht geboten: Das bedeutet, dass sie sich auf eine unkluge Beziehung einlassen wird, welche zu einem Skandal führen könnte.

Erbrechen

Erbrechen in einem Albtraum kann eine dramatische Darstellung Ihres Bedürfnisses sein, etwas oder jemanden aus Ihrem Leben zu entfernen. Wenn Sie andere im Traum erbrechen sehen, symbolisiert das, dass die falschen Vorspiegelungen einer Person bald auffliegen werden.

Erdbeben

Träume von einem Erdbeben könnten andeuten, dass Instabilität in persönlichen, finanziellen oder geschäftlichen Dingen besteht. Gibt es wesentliche Veränderungen in Ihrem Leben? Bei Erdbebenträumen kann auch Sexuelles mitschwingen, etwa der Wunsch nach sexuellem Spannungsabbau. Lässt eine der in dem Albtraum vorkommenden Personen die Erde für Sie »erbeben«?

Erfrierungen

Wenn Sie von Erfrierungen träumen, könnte das bedeuten, dass ein Teil von Ihnen sich in einer derzeitigen Situation oder Beziehung eingesperrt fühlt. Es könnte auch heißen, dass Sie sich nicht so gut ausdrücken, wie Sie könnten oder sollten.

Erscheinung

Eine Erscheinung kann eine Botschaft oder eine Warnung sein. Sie kann auch als Kommunikation mit Verstorbenen angesehen werden. Oder Sie könnten das Gefühl haben, dass eine Person in Ihrem Leben sich wie eine Erscheinung verhält, die zwar physisch da ist, aber nicht wirklich anwesend zu sein scheint.

Ersticken

Wenn Sie im Traum ersticken, kann das mit Ihrem Schlaf zusammenhängen. Wird Ihre Atmung behindert, etwa durch eine Erkältung, Asthma oder eine Decke? Wenn nicht, dann wäre es möglich, dass Sie Angst davor haben, herumkommandiert oder eingeschränkt zu werden. Andere Menschen oder Umstände könnten Ihre Ausdrucksfähigkeit unterdrücken.

Ertrinken

Ertrinken im Albtraum signalisiert tief sitzende Angst, auf Ihr Unbewusstes oder auf tiefe Emotionen zuzugreifen. Sie sind zu dieser Zeit in Ihrem Leben emotional überfordert oder fürchten, dass Ihre Gefühle Sie überwältigen werden, wenn Sie ihnen freien Lauf lassen. Je mehr Sie Ihre Emotionen ausdrücken und verarbeiten, desto weniger überwältigend werden diese sein.

Eruption

Eine Eruption im Traum bedeutet, dass Sie im realen Leben sehr zurückhaltend sind. Sie müssen ein wenig Angst abbauen und neu beginnen. Handelt es sich bei der Eruption um einen Vulkanausbruch, kann unterdrücktes sexuelles Verlangen gemeint sein.

Eule

Die Eule repräsentiert sowohl Weisheit als auch Geheimnisse und ist ein Symbol für das Unbewusste. Weil Eulen nachts besonders gut sehen, könnten sie auch für Erleuchtung in einer ungewissen Situation stehen. Außerdem symbolisieren Eulen Botschaften und Neuigkeiten; achten Sie auf Ihre innere Stimme, wenn Sie auf solche Nachrichten reagieren. Wenn Sie in Ihrem Albtraum den Schrei einer Eule hören, bedeutet das, dass Sie von bösen Neuigkeiten überrascht werden.

Exil

Ein Albtraum über einen Aufenthalt im Exil hat meist eine von drei Bedeutungen. Sie fühlen sich von einem Gesellschaftskreis oder einer Beziehung, dem oder der Sie gerne angehören möchten, ausgeschlossen oder bestraft. Sie meinen, dass man über Sie urteilt und Sie kritisiert. Oder Sie fühlen sich gerade einsam.

Exkrement

Exkremente in einem schlimmen Traum sind vermutlich peinlich und abstoßend, aber ein solcher Traum kann ein gutes Omen sein. Er kann vor allem neue Ideen und einen neuen Anfang begünstigen. Er zeigt auch an, dass Sie sich von unnötigen Dingen befreien, um neu durchzustarten. In seltenen Fällen kann der Traum mit einem Gefühl der Unreinheit verbunden sein.

Explosion

Ein Traum von einer Explosion könnte ein Versuch Ihres Unbewussten sein, Ihre Aufmerksamkeit auf ein Problem zu lenken. Eine Explosion könnte auch auf einen Ausbruch von unterdrückter Wut oder eine Umwälzung in Ihrem Leben hindeuten.

F

Fallen

Fallen ist ein häufiges Traumsymbol, es drückt meist Versagensängste aus. Albträume mit dem Element des Fallens können verschiedene Metaphern umfassen, etwa die gefallene Frau, in Ungnade fallen oder die fallenden Blätter im Herbst. Dieser Traum kann auch eine Metapher dafür sein, dass jemand die beruflichen Anforderungen oder eine andere Verantwortung im Leben nicht erfüllt. Die Auslegung hängt zum großen Teil davon ab, was zu der Zeit beziehungsweise in den 24 Stunden vor dem Traum in Ihrem Leben passiert. Fragen Sie sich, wie Sie sich beim Fallen fühlen: Stark verängstigt? Hilflos? Panisch? Oder ist das Gefühl angenehm? Wenn ja, in welcher Weise?

In den meisten Träumen vom Fallen landet der Träumende nie. Wenn Sie auf dem Boden aufschlagen, könnte es sein, dass Sie in einer Sache unsanft gelandet sind.

Fäulnis

Fäulnis kann in einem Traum symbolisieren, dass Sie bereit sind, Altes abzulegen und Platz für Neues zu schaffen. Sie kann auch anzeigen, dass Sie Ihren Körper oder Geist vernachlässigen. Achten Sie darauf, was im Traum von der Fäulnis betroffen ist.

Feind

Wenn Sie von einem Feind aus Ihrem realen Leben träumen, bedeutet das, Sie würden mit dieser Person gerne Frieden schließen, halten es aber für unmöglich. Ein Feind, der Ihnen im realen Leben nicht bekannt ist, bezieht sich gewöhnlich auf Sie selbst – Sie sind der Feind. Flüchten Sie im Albtraum vor dem Feind, oder stellen Sie sich ihm entgegen?

Felshang

Wenn Sie nahe an einem Felshang stehen, drückt das die Angst aus, ins Leere oder Unbekannte zu fallen. In diesem Traum geht es um Hindernisse und Ungewissheit. (Siehe auch *Abgrund*, *Schlucht*, *Klippe* und *Grube*.)

Feuer

Feuer steht für die Macht des Lichts über die Dunkelheit, es ist im Allgemeinen ein positives Traumsymbol. Häufig repräsentiert es anhaltenden Wohlstand – solange der Träumende keine Verbrennungen erleidet. Wenn Sie im Traum in Flammen stehen, ist das wahrscheinlich eine Metapher für Leidenschaft – Sie brennen sozusagen vor Verlangen. Feuer kann auch andere Dinge symbolisieren, etwa Zorn, Zerstörung, Reinigung, Erleuchtung und spirituelles Erwachen. Ziehen Sie auch andere Metaphern in Betracht. Feuer könnte beispielsweise mit Temperament zusammenhängen. Was erhitzt Ihr Gemüt? Haben Sie (oder eine andere Figur im Traum) Angst, »gefeuert« zu werden oder sich »die Finger zu verbrennen«? Außerdem kann ein Feuertraum ein Aufruf sein, sich in der Gemeinschaft zusammenzufinden, denn die Menschen versammeln sich seit jeher um das Feuer, um ihre Mahlzeiten einzunehmen, Geschichten zu erzählen und Rituale zu begehen.

Fieber

Wenn Sie im Traum Fieber haben, machen Sie sich vermutlich unnötige Gedanken über eine Kleinigkeit. Haben Sie Geduld, dann wird sich alles von selbst klären. Dieser wenig schöne Traum kann auch eine Reaktion Ihres Körpers sein, der Sie darauf aufmerksam macht, dass Sie krank werden und wirklich erhöhte Temperatur haben.

Flammen

Flammen in einem Albtraum stehen für das Bedürfnis nach Reinheit und Reinigung von Gedanken und Taten. Beachten Sie, was von den Flammen verschlungen wird, um die genaue Bedeutung zu erfassen. Flammen können auch auf heimliche Leidenschaft oder Zuneigung verweisen, die man lieber für sich behält.

Fledermaus

Fledermäuse bewegen sich mit erstaunlicher Leichtigkeit durch dunkle Räume, wie etwa Höhlen. Ein Traum von einer Fledermaus weist darauf hin, dass Sie sich erfolgreich durch eine unsichere Situation manövrieren werden.

Fliege

Sie erleben möglicherweise kleine Rückschläge, die Enttäuschung hervorrufen. Haben Sie Geduld. Es mag noch ein wenig dauern, aber alles sollte wie geplant laufen. Wenn Sie in einem Albtraum von einer Fliege gebissen werden, ärgert Sie jemand aus Ihrem Bekanntenkreis.

Flugzeug

Wenn Sie träumen, dass Sie sich in einem abstürzenden Flugzeug befinden, lassen Sie im Traumzustand Ängste hochkommen, dass es für Sie keine Sicherheit oder kein Überleben geben kann, wenn Sie Ihre alten Einstellungen aufgeben.

Flut

Wer von einer Flut träumt, fühlt sich vielleicht durch die steigende Wahrnehmung der unbewussten Aspekte des eigenen Daseins überwältigt. Eine Überflutung im Traum kann auch eine Warnung darstellen, dass persönliche Angelegenheiten andere Lebensbereiche beeinträchtigen. Oder die Flut kann mit dem Ausleben sexuellen Verlangens oder dem Bedürfnis, dies zu tun, zusammenhängen.

Frost

Frost kann wie Eis für einen Gefühlszustand des Träumenden oder einer anderen Person im Traum stehen. Ist ein Freund oder Geliebter mit Frost bedeckt, kann das auf erkaltende Gefühle hindeuten.

G

Gabelung

Sie werden bald eine Entscheidung treffen müssen. Kommt dieses Symbol in einem beunruhigenden Traum vor, sollten Sie vorläufig den einfachsten Weg wählen.

Gagat

Ein Traum über diesen schwarzen Schmuckstein warnt vor bevorstehender Traurigkeit.

Gebrechen

Wenn Sie im Traum irgendein Gebrechen haben, kann das bedeuten, dass ein Teil Ihrer selbst nicht tun kann, was Sie möchten. Finden Sie heraus, was Sie zurückhält. Dieser Albtraum weist selten auf echte körperliche Gebrechen hin.

Gefängnis

In einem Albtraum kann ein Gefängnis anzeigen, dass Sie sich eingeschränkt oder eingeengt fühlen und Angst vor Bestrafung haben. Vielleicht meinen Sie auch, Sie müssten bestraft werden. Wenn Sie im Traum Gefängniswärter sind, deutet das auf einen Wunsch hin, andere zu beherrschen oder mehr Verfügungsgewalt über das eigene Leben zu gewinnen.

Wenn Sie sich selbst in einem Gefängnis arbeiten sehen, kann das auch darauf hinweisen, dass Sie Ihre eigene Kreativität einschränken oder es für schwierig halten, Ihrem Job für einen besseren zu »entfliehen«.

Gehirn

Das Gehirn ist das Zentrum geistiger Vorgänge, der Intelligenz, und ein Traum von diesem Organ sagt etwas über Ihre eigene Denkweise, vielleicht auch über das Denken anderer aus. Je nach Umständen könnte ein solcher Traum darauf hindeuten, dass Sie mehr nachdenken oder überlegen müssen, aber auch darauf, dass Sie die Dinge zu ernst nehmen, sich zu viele Gedanken machen.

Geier

Ein Geier in einem Traum zeigt an, dass sich ein Räuber in der Nähe aufhält.

Geist

Eine Erscheinung oder ein Geist in einem Traum könnte andeuten, dass etwas in Ihrem Leben sich nicht fassen lässt, außer Reichweite ist. Erscheint eine verstorbene Person, denken Sie über Ihre vergangene Beziehung zu ihr und darüber nach, was sie in Ihrem Leben symbolisierte. Der Geist eines lebenden Verwandten oder Freundes in Ihrem Traum könnte bedeuten, dass Ihnen Gefahr von einem bekannten Menschen droht. Erscheint der Geist verhärmt, kann das auf einen frühzeitigen Tod oder das Ende einer Freundschaft hindeuten.

Gelb

Diese Farbe kann mit feigem Verhalten zusammenhängen.

Gerichtsverfahren

Albträume von Rechtssachen deuten darauf hin, dass der Träumende im realen Leben beurteilt wird oder sich von jemandem beurteilt fühlt.

Geruch

Wenn Sie im Traum einen Geruch wahrnehmen, könnte das wörtlich aufzufassen sein. Sie könnten im Wachzustand einen Geruch verspüren, den Sie mit in den Traum nehmen. Ansonsten bedeuten angenehme Gerüche Glück und unangenehme das Gegenteil.

Gerümpel

Kommt in Ihrem Traum Gerümpel vor, müssen Sie sich fragen, ob Sie an der Vergangenheit kleben, an Dingen oder Vorstellungen, die nicht mehr zielführend sind. Wenn etwas, das Ihnen wichtig ist, im Traum als Gerümpel erscheint, sollten Sie vielleicht Ihre Wertvorstellungen berichtigen.

Geschwür

Wenn Sie von einem Geschwür träumen, nagt etwas an Ihnen. Was beunruhigt Sie im realen Leben? Wenn das Geschwür im Albtraum blutet, raubt Ihnen die Situation Lebensenergie. Verändern Sie die Situation oder Ihre Reaktion darauf, wenn es irgendwie möglich ist.

Gewitter

Ein heranziehendes Gewitter verweist oft auf Gefühlschaos in einem Aspekt Ihres Lebens. Ein verdunkelter Himmel und Donner könnten eine Vorwarnung vor heranziehender Gefahr darstellen. Ein Gewitter kann aber auch ein Symbol für rasche Veränderungen in Ihrem Leben sein.

Glatze

Hat eine Frau in einem Albtraum eine Glatze, deutet das auf ihre Angst vor dem Älterwerden oder Verlust der Weiblichkeit und Schönheit hin. Bei einem Mann verweist die Glatze auf Verlustängste oder auf den Wunsch, in einer Situation vollkommen Farbe zu bekennen.

Gleichgültigkeit

Dieser Albtraum drückt aus, wie andere Sie Ihrer Meinung nach sehen. Verhält sich jemand im Traum Ihnen gegenüber gleichgültig, machen Sie sich eventuell Sorgen, dass dies seinen wahren Gefühlen entspricht. Ihr Unbewusstes teilt Ihnen vielleicht mit, dass er Ihnen tatsächlich gleichgültig gegenübersteht. Wenn Sie jemandem oder einer Situation gleichgültig gegenüberstehen, überlegen Sie, ob Sie diese Beziehung oder Aktivität fortsetzen möchten. Sie könnten Ihre Energie in etwas investieren, das Ihnen mehr bedeutet.

Glocken

Glocken stehen für Schutz und für Warnung, sie könnten Ihnen raten, sich auf Ihre Mitte zu besinnen und zu konzentrieren. Ein Albtraum mit Glockengeläut könnte auch bedeuten, dass ein entfernter Freund sterben wird. Wenn in Ihrem

Traum Freudenglocken läuten, dürfen Sie jedoch mit Erfolg in allen Aspekten Ihres Lebens rechnen.

Grab

Wie viele Symbole in Albträumen zieht ein Grab Ihre Aufmerksamkeit auf sich – besonders wenn es das Ihrige ist. Ein Grab kann einen Tod ankündigen, aber nicht unbedingt physisches Sterben. Es könnte bedeuten, dass Sie Altes zurücklassen und Neues beginnen, wenn Sie etwa eine Übergangsphase durchmachen.

Graben

Wonach graben Sie? Nach etwas, das Sie verloren haben? Dann könnten Sie versuchen, einen Teil Ihrer Vergangenheit wiederzufinden. Wenn Sie etwas begraben, deutet das auf den Wunsch hin, eine Handlung, Ihre Gefühle oder irgendwelche Tatsachen zu verbergen.

Groß

In Albträumen sehen Sie die Dinge oft größer, als sie im normalen Leben sind. Erscheint jemand oder etwas im Traum besonders groß, deutet das darauf hin, dass diese Person oder Situation in Ihren Gedanken, Ihrem Gefühlsleben oder Ihren

Handlungen besonders wichtig ist. Wenn Sie in Ihren Träumen größer sind als im realen Leben, sind Sie vielleicht in persönlichem Wachstum begriffen. Ihr Traum gibt dies durch das Symbol der Größe wieder.

Grotesk

Ein Albtraum, in dem etwas Groteskes vorkommt, spricht eine Angst an, die Sie in sich selbst tragen. Was ist im Traum grotesk? Was bedeutet das für Sie? Ist ein Teil von Ihnen missgebildet oder grotesk, empfinden Sie eine Ihrer Eigenschaften als negativ oder ungesund und nun für andere sichtbar.

Grube

Die Vorstellung von einer dunklen, bodenlosen Grube ist mit anderen Symbolen verbunden, die für unbekannte Leere stehen. Grubenträume sind üblicherweise ein Anzeichen dafür, dass Sie mit Hindernissen, Versagensängsten oder anderer Ungewissheit konfrontiert sind.

H

Hagel

Wer sich im Traum in einem Hagelgewitter wiederfindet oder hört, wie der Hagel gegen das Haus trommelt, wird von einer schwierigen Angelegenheit, von Gedanken oder Emotionen verfolgt. Wenn es jedoch bei Sonne und Regen hagelt, könnte das signalisieren, dass auf eine kurze schwierige Phase Wohlstand und Freude folgen werden.

Hammer

Ein Hammer kann für Stärke oder Macht stehen. Natürlich kann dieser konstruktiv oder destruktiv eingesetzt werden, wie der Hammer im Traum verwendet wird, ist daher entscheidend für die Aussage.

Hand

Ein Albtraum über eine Hand (oder mehrere Hände) erlaubt zahlreiche Interpretationen, je nachdem, was diese tut (oder tun) und wie die Umstände sind. Eine Hand, die nach etwas greift, könnte auf Angst vor dem Sterben verweisen. Hässliche und missgebildete Hände verweisen auf Enttäuschung und Armut. Eine abgetrennte Hand steht für Einsamkeit; Ihre Ansichten und Gefühle in einer Sache werden von Ihren Mitmenschen eventuell nicht verstanden. Wenn Sie sich im Traum die Hände verbrennen, deutet das darauf hin, dass Sie eventuell Ihre Fähigkeiten überschätzt haben und deshalb einen Verlust erleiden werden.

Hängen

Wird in Ihrem Traum jemand gehängt, befürchten Sie, dass man über Sie urteilen wird, ohne Ihnen die Gelegenheit für eine Erklärung zu geben. Wenn Sie träumen, dass Sie für eine Tat gehängt werden, bedeutet das, dass Sie gewaltige Schuldgefühle haben. Es ist eine Warnung, nicht so übermäßig kritisch mit sich selbst zu sein.

Harnlassen

Wenn Sie im Traum Harn lassen, kann das einfach heißen, dass Sie aufwachen und zur Toilette gehen sollten. Als Symbol kann der Traum den Wunsch ausdrücken, Verunreinigungen aus Ihrem Leben zu eliminieren.

Hässlichkeit

Wenn Sie – oder jemand anderer – in Ihrem Albtraum hässlich sind, fühlen Sie sich unattraktiv. Oder Sie mögen Ihr eigenes Verhalten oder das eines anderen nicht. Ein solcher Traum könnte auch auf einen ungesunden Charakterzug in Ihnen oder in jemand anderem verweisen. Ferner könnten

Sie Angst vor Zurückweisung aufgrund oberflächlicher Kriterien haben.

Heimweh

Heimweh im Traum ist meist ziemlich wörtlich zu verstehen – Sie sehnen sich danach, wie die Dinge früher waren. Es kann auch den Besuch einer Person ankündigen, von der Sie lange nichts gehört haben.

Helm

Ein im Traum getragener Helm steht für Schutz. Der Helm könnte auch symbolisieren, dass Sie auf Ihre Zeit, Gedanken oder Ideen achten müssen.

Hermaphrodit

Ein Hermaphrodit in Ihrem Traum kann zweierlei bedeuten. Entweder Sie versuchen, zwei Seiten Ihres Selbst in Einklang zu bringen, oder man hat Sie vor eine Wahl gestellt, Sie müssen eine wichtige Entscheidung treffen.

Herz

Ein Herz könnte romantische Neigungen andeuten. Klopft Ihr Herz für jemand Bestimmten? Das Bild könnte auch das »Herzstück« einer Angelegenheit repräsentieren. Wenn dagegen Ihr Herz blutet, könnte das bedeuten, dass übertriebenes Mitleid zu einer Belastung für Sie oder für dessen Empfänger geworden ist.

Hexe

Das Halloween-Bild der Hexe mag Symbol eines Furcht erregenden oder bösen Szenarios sein. Ihr Gehirn könnte Ihnen mitteilen, dass Ängste bestehen, die Sie sich nicht eingestehen.

Hindernisse

Hindernisse sind in Träumen immer als Metaphern anzusehen. Mit anderen Worten, Sie haben sich selbst eine Last oder ein Problem in den Weg gelegt, doch Sie müssen nur einen Schritt zurücktreten, um klarer zu sehen und das Dilemma zu lösen.

Hinrichtung

Wenn Sie im Albtraum hingerichtet werden sollen oder Zeuge einer Exekution werden, weist das auf die Traurigkeit und Schwere hin, die Sie im Herzen tragen. Nehmen Sie, wenn Sie depressiv sind, professionelle Hilfe in Anspruch. In seltenen Fällen kann eine Hinrichtung für das Ende einer alten Lebensweise und einen Neubeginn stehen.

Höhe

Wenn Sie im Traum Höhenangst haben, bedeutet das, dass Sie nicht hart genug für Ihre Karriere arbeiten. Sie haben möglicherweise Angst vor dem Erfolg, was Ihren Ehrgeiz bremst. Wenn Sie die Höhe lieben, erreichen Sie in einem Aspekt Ihres Lebens ungeahnte Höhen oder gewinnen neue Perspektiven in einer Situation oder Beziehung.

Höhle

Höhlen sind dunkel, versteckt und stehen in Albträumen oft für ein Hindernis. Wenn Sie im Traum aus einer Höhle hinausfinden, weist das darauf hin, dass Sie das anstehende Problem lösen oder das Hindernis überwinden werden. Wenn Sie sich dagegen in einer Höhle verirrt haben, besagt das, dass Sie noch ein Stück Weg vor sich haben, bis die Situation gelöst ist.

Hölle

Vorsicht, wenn die Hölle ein zentrales Element eines Albtraums ist! Wenn Sie im Traum beim Teufel in der Hölle sind, zeigt das an, dass Sie Gefahr laufen, Versuchungen nachzugeben, welche Sie und Ihren Ruf zerstören könnten. Wenn Sie träumen, dass Freunde in der Hölle gefangen sind, werden Sie bald von deren Unglück hören.

Hund

Wenn der Hund in Ihrem Traum beißt, könnte das auf fehlende Loyalität hindeuten – wenn der Mensch von seinem besten Freund angegriffen wird. Hundegebell steht für eine Botschaft oder Warnung aus dem Unbewussten.

Idiot

Wenn Sie in einem schlimmen Traum einen Idioten sehen, weiß Ihr Unbewusstes, dass Sie drauf und dran sind, eine sehr dumme Entscheidung zu treffen. Wenn Sie träumen, ein Idiot zu sein, bedeutet das, dass Ihr Selbstvertrauen gerade sehr gering ist und dringend aufgebaut werden muss.

Impotenz

Ein Albtraum, in dem Sie impotent sind, bedeutet, dass Sie sich in einem Bereich Ihres Lebens unbedeutend und ohnmächtig fühlen. Dieser Traum bezieht sich sehr selten auf sexuelle Probleme.

Insekten

Im Allgemeinen stehen Insekten für geringfügigen Ärger und Dinge, die Ihnen lästig sind. Die genaue Bedeutung verändert sich dramatisch mit der Art des vorkommenden Insekts und mit den Zusammenhängen im Traum. Wenn Sie von Ameisen träumen, sind Sie vielleicht in einer Sache ganz »kribbelig«.

Interview

Wenn Sie in einem Traum befragt werden, ist das einer Prüfungssituation ähnlich. Es deutet darauf hin, dass man über Sie urteilt. Wenn das Interview Sie überrascht, könnte das heißen, dass Sie sich unvorbereitet fühlen.

Invalide

Invaliden in einem Albtraum bedeuten möglicherweise, dass Sie (oder jemand anderer) sich schwach oder unfähig fühlen, alleine zu leben.

Inzest

Ein Traum über eine sexuelle Begegnung mit einem Familienmitglied ist nicht unbedingt eine Inzestwarnung. Prüfen Sie Ihre Beziehung zu der betreffenden Person. Wenn Sie mit dieser Person Streit hatten oder ihr entfremdet sind, kann Ihr inneres Selbst auf diese schockierende Weise Aufmerksamkeit erregen und Ihre Liebe ausdrücken.

Irrgarten

Irrgärten sind voller Windungen und Krümmungen und häufig ein Symbol für eine komplizierte Situation, aus der Sie nicht herausfinden.

J

Joch

Wenn Sie von einem Joch träumen oder im Albtraum in ein solches eingespannt werden, fühlen Sie sich genötigt, Dinge für andere und/oder mit anderen zu tun. Sie haben das Gefühl, sich nicht allein auf Ihre Kräfte verlassen oder Ihre Ziele nicht allein erreichen zu können. Wem fühlen Sie sich verpflichtet? Wo lassen Sie sich im realen Leben von anderen leiten? Wenn Sie im Leben eine Übergangsphase durchmachen, wurde Ihnen diese eventuell auferlegt und ist nicht das, was Sie wollen (beispielsweise eine Scheidung, die Sie nicht angestrengt haben).

Juckreiz

Wenn Sie im realen Leben von Juckreiz geplagt werden, kann das in Ihre Träume einfließen. Jucken als Metapher steht für lästige kleine Probleme, mit denen Sie so bald wie möglich fertigwerden müssen.

K

Käfer

Wie die meisten Insekten, die allgemein als lästig, eklig oder schmutzig angesehen werden, stehen Käfer in Träumen meist für Unangenehmes. Der Skarabäus wurde jedoch im alten Ägypten verehrt und als Beschützer angesehen, daher können Käfer in Träumen auch dieses Element verkörpern.

Käfig

Ein Käfig steht für Besitz oder Kontrolle; was sich darin befindet, ist entscheidend für die Auslegung. Ein Käfig voller Vögel könnte großen Reichtum und viele Kinder bedeuten, ein einzelner Vogel könnte für eine glückliche Ehe oder einen Partner stehen. Ein leerer Käfig könnte auf den Verlust eines Familienmitglieds verweisen, ein Käfig voller wilder Tiere könnte meinen, dass Sie einen bestimmten Aspekt Ihres Lebens im Griff haben und über ein Missgeschick triumphieren werden.

Kampf

Ein Kampf kann für einen Konflikt oder die Notwendigkeit stehen, ein Problem zu lösen. Achten Sie auf weitere Details im Traum, damit Sie ihn interpretieren können. Gewinnen oder verlieren Sie einen Kampf?

Kämpfen Sie mit einem geliebten Menschen, einem Bekannten oder einem Fremden?

Kanal

Kanäle verweisen auf eine Reise durch das Unbewusste. Achten Sie auf weitere Details im Traum. Ist das Wasser trüb oder klar? Sind Sie alleine unterwegs oder mit Freunden beziehungsweise Familie?

Kannibalismus

Ein Traum von Kannibalismus zeigt an, dass Ihr Unbewusstes das Bedürfnis verspürt, sich von jemandem Energie zu holen. Saugen Sie die Menschen um sich herum emotional aus? Wenn Sie träumen, dass jemand Sie aufisst, geben Sie Acht, mit welchen Menschen Sie sich umgeben. Sie sind nicht gut für Ihr Selbstwertgefühl.

Kastration

Kastrationsträume beziehen sich auf Gefühle der Unzulänglichkeit oder Impotenz im Leben. Sie fürchten das Unbekannte. Denken Sie über Situationen in Ihrem Leben nach, in denen Sie sich machtlos, hilflos oder anderen Kräften ausgeliefert fühlen.

Katze

Katzen können positive und negative Attribute haben, je nachdem, was Sie damit assoziieren, und nach den Umständen im Traum. Katzen können Wohlstand, Verspieltheit oder rasche und agile Erholung bedeuten. Sie können auch für Unabhängigkeit, das Weibliche oder sexuelle Leistungsfähigkeit stehen. Kätzchen können ein Symbol für neue Ideen sein, wenn Sie von einem Kätzchen im Keller träumen, steigen vielleicht Ideen aus dem Unbewussten hoch. Außerdem können Katzen, die in der Dunkelheit gut sehen, auf die Fähigkeit verweisen, in einer unklaren Situation Erleuchtung zu finden. Katzen haben auch eine dunkle Seite. In einem Albtraum können sie das Böse oder Pech symbolisieren oder auch eine heimtückische, hinterlistige Person.

Keller

Ein Keller ist oft ein Symbol für das Unbewusste, ein Ort, wo Wissen gespeichert oder verborgen ist. Er kann auch besagen, dass der Traum tief aus dem Unbewussten kommt, achten Sie also besonders darauf, wie der Keller beleuchtet wird und welche Farben und Strukturen vorherrschen. Wenn Sie sich im Traum in einem kalten, feuchten Keller aufhalten, kündigt das an, dass Sie bald von Zweifeln geplagt sein werden.

Kerzen

Manchmal deuten Kerzen im Traum auf spirituelle Zusammenhänge hin. Eine Kerze bringt Licht in die Dunkelheit, erhellt Dinge, die im Dunkeln liegen, und steht daher für Erleuchtung in einem schlechten Traum. Die Flamme einer Kerze kann auch das Licht symbolisieren, das in jeder Seele leuchtet.

Im Zusammenhang kann die Kerze durch ihr Verhalten in Ihrem Traum interpretiert werden. Brennt eine Kerze ganz hinunter, kann das Ängste oder Sorgen bezüglich Tod oder Impotenz bedeuten. Wird sie ausgelöscht, kann das ein Gefühl der Überarbeitung anzeigen. Eine stetig brennende Kerze könnte für einen treuen Charakter und Beständigkeit bei Freunden und Familie stehen.

Kessel

Weil ein Kessel drei Beine hat, assoziieren Hexen ihn mit der dreifachen Göttin und ihrem Einfluss. Vor diesem Hintergrund steht der Kessel ebenfalls für Dinge wie Fruchtbarkeit und Wiedergeburt sowie für Attribute wie Weisheit, Verjüngung, Pflege, Kreativität und Erkenntnis. Wenngleich ein Kessel in einem Albtraum Furcht wecken kann, könnte er ein Symbol für Positives sein.

Kette

Wenn Sie im Traum eine Kette sehen, bedeutet das, dass Sie dabei sind, verschiedene Erfahrungen, Gedanken oder Emotionen miteinander zu einem Ganzen zu verbinden. Wenn Sie angekettet sind, fühlen Sie sich in einem Lebensbereich eingeschränkt oder eingesperrt. Wenn Sie an andere Menschen gekettet sind, empfinden Sie Ihre eigene Entscheidungsfreiheit an das Schicksal oder Handeln anderer geknüpft, ob Sie das mögen oder nicht. Sie müssen Ihre eigene Entscheidungskraft, den eigenen Weg finden.

Klassenzimmer

Quält Sie der übliche Albtraum, Sie würden nackt vor der Klasse stehen oder unvorbereitet zu einer Schularbeit gehen? Häufig hat ein Klassenzimmer mit einer Phase des persönlichen Wachstums zu tun. Wenn Sie im Traum in einem Klassenzimmer sind, untersuchen Sie Ihre Umgebung und den Grund, warum Sie dort sind. Stehen Sie positiv zum schulischen Umfeld? Erkennen Sie den Lehrer und das Unterrichtsfach? Wenn ein Lehrer von der Schule träumt, sollte er besonders darauf achten, was in seinem Schulalltag passiert, denn die Bedeutung dieses Traums könnte eher praktisch als symbolisch sein.

Klippe

Dieses Traumsymbol ähnelt anderen, die mit einem Fallen ins Unbekannte oder Leere zu tun haben. Es kann für Hindernisse, Ungewissheit, aber auch für Versagensängste und andere Bereiche, in denen Sie unsicher sind, stehen.

Knien

Grundsätzlich bedeutet knien, dass Sie nicht aufrecht stehen. Daraus ergibt sich, dass Sie auch nicht gehen können und nicht gut vorwärtskommen. Logischerweise könnte ein Albtraum, in dem Sie knien, mit all diesen Dingen zu tun haben. Überlegen Sie, ob es in Ihrem Leben etwas oder jemanden gibt, das/der Sie zurückhält oder gegen den Sie sich nicht behaupten können. Im Knien befinden Sie sich auch in einer anderen Höhe als im Stehen, denken Sie also nach, ob Sie das Gefühl haben, dass Ihnen jemand »über« ist. In einem anderen Zusammenhang ist Knien ein Zeichen von Ehrerbietung und Gebet. Es kann sich daher auch auf ein Erleben von Gottes Macht und Herrschaft beziehen und, erweitert, auf jede Macht und Herrschaft, die in Ihrem Leben wichtig ist – die der Eltern, beispielsweise. Überlegen Sie in diesem Fall, ob Sie diese Autorität nicht unverhältnismäßig aufblähen, wenn Sie sich so unterordnen, dass Sie vor dieser Person knien.

Knochen

Knochen in einem Albtraum sind sozusagen die Quintessenz – sie sind das Rohmaterial eines Traums. Sind die Knochen verstreut? Vielleicht sind Sie im Leben hin und her gerissen, was eine anstehende Entscheidung betrifft. Achten Sie auf den Zustand der Knochen. So stehen Sie zu einem Problem, das derzeit an Ihnen nagt.

Knoten

Knoten verbinden Dinge miteinander, in Träumen können sie für die Bindung negativer oder unerwünschter Energie stehen – oder für das Bereithalten von Energie, bis sie benötigt wird. Knoten im Traum könnten auch anzeigen, dass Sie etwas für »unentwirrbar« halten und sich viele Gedanken machen. Wenn dagegen jemand in Ihrem Umfeld oder auch Sie selbst »Bande knüpfen«, könnte der Albtraum Bedenken zu dieser Verbindung ausdrücken.

Kontamination

Dieser Traum kann eine Gesundheitswarnung sein. Wenn Sie sich kontaminiert fühlen, spürt Ihr Körper vielleicht, dass etwas nicht in Ordnung ist. Der Traum kann sich auch auf zwanghafte Neigungen oder die Sorge beziehen, dass ein fremder Standpunkt Ihre eigenen Überzeugungen kontaminieren könnte.

Köpfen

Wird in Ihrem Traum jemand geköpft, achten Sie darauf, wer es ist. Wenn Sie es sind, überlegen Sie, wo Sie im Leben oder in Ihren Beziehungen den Kopf »verlieren« und zu wenig nachdenken. Wird ein anderer geköpft, möchten Sie Eigenschaften, die Sie mit dieser Person verbinden und in sich erkennen, ablegen. Träume von Enthauptungen können auch auf frühere Leben zurückzuführen sein.

Krabbe

Träume von einer Krabbe stehen für Launenhaftigkeit oder Fehlorientierung sowie für Situationen, die nirgendwo hinzuführen scheinen. Auf einer anderen Ebene sind Krabben Wesen, die sich nicht in gerader Linie nach vorne bewegen; sie gehen seitwärts. Fragen Sie sich, wenn Sie von einer Krabbe träumen, daher, ob es in Ihrem Leben etwas gibt, das Sie nicht direkt angehen. Drücken Sie sich um das Problem herum?

Krankenhaus

Wenn Sie sich im Krankenhaus befinden, bedürfen Sie vielleicht der Heilung; es könnte auch Grund zur Sorge um Ihre Gesundheit bestehen. Wenn Sie jemand anderen im Krankenhaus besuchen, ist diese Person möglicherweise in einem geschwächten Zustand. Wenn Sie in einem Krankenhaus arbeiten, könnte die Bedeutung des Albtraums auf berufliche Angelegenheiten bezogen sein. Im letzteren Fall sollten Sie andere Umstände im Traum prüfen.

Krankenwagen

Wenn Sie sich in einem Krankenwagen sehen, bedeutet das meist die Freisetzung von Angst und den Wunsch, eine emotionale Störung zu heilen. Sie machen sich vielleicht Sorgen über Dinge, die Sie nicht beeinflussen können. Besteht jedoch im Traum eine gesundheitliche Störung, könnte es Zeit für eine Vorsorgeuntersuchung sein. Wenn Sie jemand anderen im Krankenwagen sehen, haben Sie vielleicht insgeheim Schuldgefühle, weil Sie die Person in irgendeiner Weise verletzt haben. Wenn Sie zu Hause oder im Beruf mit einer Krise nach der anderen zu kämpfen hatten, kann sich alles wie ein Notfall anfühlen! Lernen Sie in diesem Fall, um Hilfe zu bitten.

Krankheit

Wenn Sie im Albtraum krank sind, fragen Sie sich, ob Sie das Bedürfnis haben, gepflegt und verwöhnt zu werden. Der Traum könnte Ihnen auch signalisieren, dass Sie auf Ihre Gesundheit achten müssen. Ein Traum von einem kranken Familienmitglied repräsentiert ein Missgeschick oder ein Problem, das Ihr Familienleben stört.

Krebs

Wer von Krebs träumt, muss nicht Krebs haben oder bekommen. Eine erfolgreiche Krebsbehandlung in einem Traum symbolisiert eine Wendung zum Besseren. Ein Krebstraum kann auch für eine verzweifelte oder unheilvolle Situation oder für zur Neige gehende Ressourcen stehen.

Kreise

Wenn Sie endlos kreisen oder Kreise ziehen, haben Sie möglicherweise das Gefühl, Sie drehen sich im Kreis und kommen nicht weiter. Überlegen Sie, wofür Sie sich einsetzen. Analysieren Sie Ihre Ziele.

Kreuz oder Kruzifix

In der christlichen Tradition ist das Kreuz ein Symbol des Leidens und zu tragender Lasten. Trotz Trauer und Schmerz symbolisiert es letztlich den Triumph über das Leiden.

Kreuzung

Wenn Sie in Ihrem Albtraum an einer Kreuzung angekommen sind, heißt das, dass Sie sich entscheiden müssen. Wenn Sie bei jeder Richtung zögern, deutet das auf Unentschlossenheit in einer Frage hin. In diesem Fall ist es ein klarer Hinweis darauf, dass Entscheidung und Bewegung besser sind als Stillstand ohne Fortschritt.

Krieg

In einem Kriegstraum könnten Sie Ihre Militärzeit aufleben lassen. Ob Sie nun beim Militär waren oder nicht, ein Traum von Krieg kann ein Symbol für inneren Aufruhr oder das Bedürfnis, mit sich selbst oder mit anderen Frieden zu schließen, sein. Wenn Sie andere Elemente im Traum näher untersuchen, könnten Sie die Botschaft hinter dem aggressiven Verhalten erkennen. Weil der Tod in Kriegssituationen allgegenwärtig ist, kann ein Traum mit Kriegsbildern auch mit einem Prozess schwieriger Veränderungen oder Übergänge zu tun haben. (Siehe auch *Tod.*)

Kristallkugel

Wenn in Ihrem Traum jemand Ihre Zukunft in der Kristallkugel sieht, deutet das darauf hin, dass Sie über komplizierte Ereignisse in Ihrem Leben nachdenken. Seien Sie vorsichtig. Manchmal zeigt ein schlechter Traum mit einer Kristallkugel an, dass der Träumende versucht, eine wichtige Entscheidung zu treffen, und ihm das schwerfällt.

Krokodil

In Albträumen stehen Krokodile für Lügen oder Falschdarstellungen. Achten Sie darauf, wer sich in der Nähe des Krokodils aufhält und mit ihm in Kontakt ist.

Krücken

Wenn in einem schlimmen Traum Krücken vorkommen, haben Sie vielleicht das Gefühl, dass Sie sich zu sehr auf etwas oder jemanden verlassen. Es kann auch auf die Angst vor mehr Unabhängigkeit und selbstständigen Unternehmungen hindeuten.

Küchenschabe

Ein Traum von einer Küchenschabe kann wörtlich gemeint sein – wenn Sie im Wachzustand eine gesehen haben, die dann in Ihren Albträumen vorkommt. Überlegen Sie, was Sie mit Küchenschaben assoziieren. Halten Sie sie für schmutzig, für Krankheitsüberträger? Wenn ja, gehen Sie die Ereignisse der letzten Zeit durch – irgendeine Situation in Ihrem realen Leben dürfte ein Gefühl der geistigen oder seelischen Unsauberkeit erzeugt haben. Küchenschaben sind unglaublich zäh, je nach Assoziation könnten Sie damit auch die Botschaft erhalten, wie unverwüstlich Sie selbst sind. Vielleicht ist etwas, das Sie für überwunden hielten, wieder in Ihrem

Leben aufgetaucht. Waren die Küchenschaben im Traum in Ihrem Haus? Da ein Haus Ihr Leben repräsentiert, überlegen Sie, ob es in Ihrem Leben vor Kurzem eine »lästige Invasion« gegeben hat.

Kummer

Kummer kann in einem schlimmen Traum eine gute Sache sein, weil er Ihnen hilft, mit einem Problem in Ihrem realen Leben fertigzuwerden. Normalerweise erleben Sie Unangenehmes sowohl im Traum als auch im realen Leben, der Traum hilft Ihnen, die Emotion zu verarbeiten. Das könnte einer der in Teil 1 besprochenen »befreienden Träume« sein.

L

Labor

In einem Labor werden Experimente durchgeführt. Impliziert wird, dass Sie mit der derzeitigen Situation unzufrieden sind und mit Neuem experimentieren. Vielleicht testen Sie auch eine neue Beziehung.

Labyrinth

Ein Labyrinth ist voller Windungen und Krümmungen und an sich schon ein Symbol für Irrungen und Wirrungen. Ein Albtraum von einem Labyrinth oder Irrgarten könnte anzeigen, dass Sie sich in einer Situation oder Beziehung gefangen fühlen und einen Ausweg suchen. Er könnte auch auf eine komplexe spirituelle Reise verweisen.

Landkarte

Eine Landkarte im Traum deutet an, dass Sie einen neuen Weg suchen oder in eine neue Richtung geleitet werden.

Landstreicher

Haben Sie Angst, Ihr Heim, Ihre Sicherheit, Ihre Existenzgrundlage zu verlieren? Vielleicht möchten Sie sich aber auch von gesellschaftlichen Regeln befreien.

Lanze

Nach Freud ist eine Lanze ein Phallussymbol, Zeichen der Männlichkeit und Aggression. Wer führt die Lanze in Ihrem Traum? Verbinden Sie im realen Leben mit dieser Person intime oder aggressive Gefühle? Meinen Sie, Sie müssten sich in einer Situation verteidigen?

Laufen

Sie können im Albtraum etwas nachlaufen oder vor etwas weglaufen. Sie versuchen vielleicht, vor etwas zu fliehen oder einen sicheren Ort zu erreichen. Abhängig von den Umständen kann der Traum entweder besagen, dass Sie sich beeilen müssen oder dass Sie zu viel umherhetzen und ausruhen müssen.

Lawine

Eine Lawine im Traum kann auf ein großes Hindernis auf Ihrem Weg hindeuten – etwas, das Sie womöglich sogar zu begraben scheint. Bedenken Sie, dass Lawinen kumulativ wirken: Sie nehmen auf ihrem Weg immer mehr Schnee und Material mit und werden immer schneller. Überlegen Sie, wenn Sie von einer Lawine träumen, ob es in Ihrem Leben eine Situation gibt, wo es zu so einem »Schneeball-Effekt« kommt.

Leere

Ein leerer Raum, Becher, Behälter oder Gegenstand kann eine Metapher dafür sein, wie Sie sich im Augenblick selbst fühlen. Sie würden das Objekt gerne ausfüllen, weil Sie erwarten, Ihre Vorstellungen durchzusetzen. Dieses Albtraumsymbol steht auch für Langeweile und Einsamkeit.

Leichenwagen

Wenn Sie im Traum einen Leichenwagen sehen, kann das anzeigen, dass Sie Probleme vorhersehen, die Ihrem Gefühl nach tödlich sein könnten. Wenn Sie in einem Leichenwagen mitfahren, bedeutet das, dass Sie sich von einem bestimmten Teil Ihrer selbst verabschieden. Öffnen Sie sich neuen Dingen.

Leichnam

Wenn Sie sich in einem Albtraum selbst als Leichnam sehen oder Ihren eigenen Tod erfahren, ist das nicht unbedingt eine Vorhersage Ihres Dahinscheidens. Es könnte eine wesentliche Veränderung in Ihrem Leben anzeigen, etwa das Ende eines Langzeitjobs oder eine Scheidung. Wenn Sie von Selbstmord träumen, könnte es bedeuten, dass Sie eine traumatische Transformation Ihrer Persönlichkeit durchlaufen, Ihr altes Leben zurücklassen. (Siehe auch *Selbstmord*.) Wenn Sie eine bekannte Person als Leichnam sehen, sagt Ihnen dieser Traum, dass ein Aspekt Ihrer eigenen Persönlichkeit, der von diesem Menschen repräsentiert wird, gestorben ist. Denken Sie über die Eigenschaften des verstorbenen Menschen nach und überlegen Sie dann, ob Sie diese in sich selbst haben verkümmern lassen. Häufig wird auf diese Weise eine Warnung übermittelt, dass ein entscheidender Aspekt des Selbst durch Vernachlässigung oder Missachtung gestorben ist. Sobald Sie wissen, was es ist, können Sie diesen Aspekt in sich wiedererwecken, wenn er für Ihr persönliches Glück entscheidend ist.

Leopard

Wenn Sie im Traum von einem Leoparden angegriffen werden, könnten Sie auf dem Weg zum Erfolg mit vielen Schwierigkeiten zu kämpfen haben. Wenn Sie den Leoparden töten, werden Sie im Leben jedoch als Sieger hervorgehen. Ein Traum von einem Leoparden im Käfig bedeutet, dass Sie zwar von Feinden umgeben sind, aber nicht verletzt werden.

Loch

Ein Loch kann in einem Albtraum ein Symbol für die Angst vor dem Unbekannten sein. Es kann sich auch auf sexuelles Verlangen und das Bedürfnis nach Sex zur eigenen Vollendung beziehen. Ein Loch in Ihrer Kleidung deutet auf finanzielle Sorgen hin.

Löwe

Ein Traum von einem Löwen bedeutet, dass Sie von einer starken Kraft angetrieben werden. Wenn Sie einen Löwen überwältigen, signalisiert das, Sie werden aus einer Sache siegreich hervorgehen. Überholt Sie der Löwe, deutet es darauf hin, dass Sie angreifbar sein könnten. Ein Löwe im Käfig besagt eventuell, dass Sie erfolgreich sein werden, solange Sie den Widerstand gegen Ihre Bestrebungen im Griff haben. Löwen stehen auch für Autorität, Schutz und das heftige Verteidigen geliebter Dinge.

M

Magie

Magie in Albträumen steht für persönliche Macht, die Verantwortung und Kontrolle braucht. In einem anderen Sinn könnte Magie auf die magischen Aspekte der Kreativität verweisen, aber auch auf Täuschung und Tricks.

Marionette

Ein Furcht erregender Traum über eine Marionette könnte ausdrücken, dass Sie sich in einem Aspekt Ihres Lebens manipuliert fühlen. Wenn Sie jedoch die Fäden in der Hand halten, könnte der Traum eine Warnung darstellen, dass Sie andere manipulieren.

Maske

Masken verbergen unser Aussehen und unsere Gefühle vor anderen, doch der Albtraum könnte auch besagen, dass Sie Ihre Gefühle in einer Angelegenheit vor sich selbst verbergen. Wenn andere Masken tragen, sind Sie vielleicht mit einer Situation konfrontiert, in der jemand Ihrer Meinung nach nicht aufrichtig ist.

Mauern

Mauern können schützen oder blockieren, ähnlich wie Zäune. Wo sind die Mauern in Ihrem Albtraum, und warum sind sie da? Wenn Sie bessere emotionale Grenzen brauchen, könnten Sie im Traum eine Mauer errichten. Sie können mit dieser Traummauer auch jemanden von sich abhalten wollen; oder jemand, den Sie kennen, errichtet eine Mauer innerhalb Ihrer Beziehung. Furcht vor Intimität könnte Sie veranlassen, das eigene Glück mit Mauern auszusperren. Dieser Traum könnte auch andeuten, dass Sie in Ihren Beziehungen bessere Grenzen setzen müssen.

Maul

Fühlen Sie sich angegriffen? Ein aufgesperrtes Maul ist der Beginn einer archetypischen Reise in die Unterwelt. Ein solcher Traum kann sich auf eine Meinungsverschiedenheit beziehen.

Maulesel

Maulesel sind für ihren Starrsinn bekannt, »stur wie ein Maulesel«, sagt man gerne. Ein schlimmer Traum von einem Maulesel deutet darauf hin, dass Sie mit Ihrem sturen Verhalten bei anderen anecken. Maulesel sind Arbeitstiere. Überlegen Sie, ob Sie gegen einen beruflichen Aspekt oder Ihre berufliche Laufbahn rebellieren.

Maus

Kommt in einem Albtraum eine Maus vor, verweist das auf Sparen durch Innovation.

Meer

In einem Albtraum steht das Meer für unerfüllte Sehnsüchte.

Meinungsverschiedenheit

Wenn Sie einen schlimmen Traum haben, in dem Sie mit jemandem streiten, könnte das bedeuten, dass Sie Angst vor einer intimen Beziehung zu diesem Menschen haben. Es kann aber auch sein, dass Sie eine Meinungsverschiedenheit hatten oder spüren, dass eine im Anzug ist.

Wenn Sie im Traum eine Meinungsverschiedenheit zwischen zwei Menschen beobachten, haben Sie vermutlich das Gefühl, dass im Moment zu viel Verwirrung um Sie herum herrscht. Verringern Sie Ihre Belastung.

Menge

Wer in der Menge verschwindet, verliert seine Individualität. Vielleicht verspüren Sie das Bedürfnis, sich von anderen abzuheben. Dieser Traum kann auch Konfusion um Sie herum beschreiben, mitunter sogar Langeweile. Vielleicht wäre etwas Distanz oder eine Reise angesagt.

Messer

Ein Messer ist ein Symbol für Aggression und für das männliche Geschlechtsorgan. Untersuchen Sie die übrigen Aspekte des Albtraums. Haben Sie das Messer im Rücken? Halten Sie es, oder werden Sie von jemandem bedroht? Ein rostiges Messer kann Symbol für Unzufriedenheit, ein scharfes Messer für Sorge und ein abgebrochenes Messer für Niederlage sein.

Missbrauch

Wenn Sie im Traum missbraucht werden, ist das ein Anzeichen dafür, dass Sie sich im realen Leben in irgendeiner Weise ausgenutzt fühlen. Sie fühlen sich in einer Situation oder Beziehung machtlos oder hilflos. Es kann sich auch um eine Nachricht aus Ihrem Unterbewusstsein handeln, dass Sie Verantwortung oder eines Ihrer Talente missbrauchen.

Mond

Wenn Sie vom Mond träumen, besonders wenn er Ihren Traum dominiert, könnte das auf die Entwicklung Ihrer Intuition verweisen. Die Mondphase galt einst als Quelle der

Hexenkraft und entscheidet über die Bedeutung dieses Traumsymbols. Vollmond würde dann beispielsweise für die Erlangung des vollen Potenzials stehen, ein abnehmender Mond könnte anzeigen, dass es an inneren Ressourcen mangelt. Der Mond ist auch Quelle der Erleuchtung und könnte in der Dunkelheit reflektiertes Licht symbolisieren, wenn Sie in einer Situation oder Frage im Leben Klarheit oder Anleitung benötigen.

Zeichen und Zufälle

Träume und reales Leben unterscheiden sich nicht so sehr. Träume kommen aus Ihrem Unterbewusstsein, also aus Ihnen heraus. Sie können also die Zeichen und Zufälle aus Ihren Träumen auf Ihr Leben anwenden. Wenn Sie Ausschau nach Prophezeiungen halten und den Rat Ihrer Geist- und Seelenführer befolgen, können Sie den Ablauf der Dinge beeinflussen und für Ihre Zukunft planen. Und genau darum geht es bei der Traumdeutung.

Mord

Mord steht für unterdrückte Wut, auf sich selbst oder auf andere. Wenn Sie einen Bekannten ermorden, überdenken Sie Ihre Beziehung zu dieser Person. Wenn Sie selbst ermordet werden, kann der Traum Symbol für eine persönliche Transformation sein.

Müll

Kommt in einem Albtraum Müll vor, deutet das darauf hin, dass Sie alte, überkommene Vorstellungen oder überschüssiges Gepäck in Ihrem Leben loswerden müssen. Fragen Sie sich, ob Sie an etwas, an einem Zustand unnötig festhalten.

N

Nacht

Ein schlimmer Traum, der in der Nacht spielt, könnte andeuten, dass etwas verborgen oder verdeckt wird, dass etwas in Ihrem Leben näher beleuchtet werden muss. Wenn Sie von Nacht umgeben sind, verweist das auf Unterdrückung und Not.

Nackt/Nacktheit

Die erste Reaktion auf einen solchen Traum ist vielleicht der Gedanke an die praktischen Implikationen. Wenn Sie beispielsweise zu einer Reise aufbrechen und einen Albtraum haben, in dem Sie nackt unterwegs sind, prüfen Sie nochmals, ob Sie auch wirklich alles eingepackt haben. Aber wie andere häufige Träume ist auch Nacktheit eher symbolisch zu verstehen. Wer nackt in der Öffentlichkeit, zum Beispiel auf einer geschäftigen Straße, steht, schämt sich. Bei so einem Albtraum waren Sie wahrscheinlich erleichtert, als Sie hinterher feststellten, dass es nur ein Traum war. Nacktheit deutet auf eine gewisse Exponiertheit oder Verletzlichkeit hin. Diese Art von Traum kann besagen, dass Sie der Kritik anderer ausgesetzt sind, aber auch, dass ein Wunsch besteht, sich zu exponieren, gesehen oder gehört zu werden. Möchten Sie beispielsweise etwas, das Sie getan haben, öffentlich bekannt machen? In einem solchen Fall könnte der Traum sogar bedeuten, dass dies bald eintreten wird. Ein Albtraum, in dem Sie nackt sind, kann sich auch auf das

Bedürfnis beziehen, die Wahrheit aufzudecken – oder sie zu verbergen. Denken Sie nach, ob Sie etwas, das Sie getan haben, vor den Augen der Öffentlichkeit verbergen. In beiden Fällen drückt Nacktheit im Traum eine Sorge aus.

Nadel

Ein Traum von Nadel und Faden könnte anzeigen, dass eine Sache »vernäht«, eine Vereinbarung abgeschlossen wird. Eine Nadel könnte auch andeuten, dass jemand Sie nervt. Wenn Sie in einem Albtraum eine Nadel einfädeln, ist das ein Symbol, dass Sie mit der Sorge für andere belastet sind; die Suche nach einer Nadel steht für unnötige Sorgen. Wird eine Nadel abgebrochen, zeigt das Einsamkeit und Armut an.

Nagel

Ein Nagel in einem schlimmen Traum kann Verschiedenes bedeuten, achten Sie auf den Zusammenhang. Wenn Sie beispielsweise etwas »festnageln«, weist das darauf hin, dass Sie eine Sache zusammenfügen oder für deren Zusammenhalt sorgen. Wenn Sie »den Nagel auf den Kopf treffen«, haben Sie den Kernpunkt einer Sache genau erfasst und ausgedrückt.

Nebel

Wer von Nebel träumt, vermisst Klarheit in einem bestimmten Lebensbereich. Er kann auch etwas Verstecktes oder Übersehenes symbolisieren. Vergessen Sie nicht, dass Nebel meist kurzlebig ist und wieder Klarheit herrscht, sobald er sich hebt.

Null

Die Null lässt viele Auslegungen zu, sie kann für Leere, für den Mangel an etwas stehen. Außerdem bildet sie einen Kreis und kann Ganzheit und Erfüllung bedeuten oder sogar die Geheimnisse des Unbewussten. Bei Freud erinnert die Form an die Vagina und drückt eine Sehnsucht nach sexuellen Beziehungen aus.

0

Offizier

Ein Offizier steht immer für Autorität. Ein Albtraum von einem Offizier kann, besonders wenn es sich um eine Ihnen unbekannte Person handelt, Furcht oder Vorsicht vor Autoritätspersonen oder das Bedürfnis nach Führung durch eine Autoritätsperson ausdrücken.

Onyx

Gemäß traditioneller Traumdeutung kündigt der Onyx Streit an. Achten Sie darauf, wer oder was sich in Ihrem Traum in der Nähe des Onyx befindet.

Operation

Wenn Sie einen Albtraum über eine Operation haben, kann das bedeuten, dass Sie sich über einen Aspekt Ihrer Gesundheit Sorgen machen und Ihre körperliche Fitness gerne verbessern würden. Eine Operation steht auch für die Veränderung der derzeitigen Situation.

Opfer

Ein Traum, in dem Sie Opfer sind, könnte darauf hindeuten, dass Sie sich in einer Situation hilflos vorkommen.

Wenn Sie gerettet werden, lässt der Traum darauf schließen, dass Hilfe verfügbar ist.

Opfern

Wenn Sie in einem Albtraum geopfert werden, verweist das darauf, dass Sie anderen zuliebe etwas Wichtiges aufgeben. Prüfen Sie Ihre Gefühle in der Sache genau. Entscheiden Sie, welche Veränderungen eventuell in Ihrem Leben und Ihren Beziehungen vorgenommen werden müssen.

P

Peitsche

Peitschenschläge im Traum haben zweierlei Bedeutung: Sie meinen, Bestrafung für einen Verstoß zu verdienen, oder Sie haben das Gefühl, dass jemand Sie unverdient ausnutzt. Wenn Sie im Traum jemanden auspeitschen, hüten Sie sich vor Ihren eigenen manipulativen oder aggressiven Neigungen.

Pfeffer

Wenn Ihnen im Traum Pfeffer auf der Zunge brennt, könnte das auf eine neuere Verletzung durch scharfe Worte hindeuten – von Ihnen selbst oder von einem anderen gesprochen. Wenn Pfeffer Sie niesen lässt, ist nicht auszuschließen, dass Sie etwas in Ihrem Leben irritiert und Sie sich davon befreien möchten.

Pforte

Eine Pforte kann ein Tor zwischen einem Seinszustand und einem anderen sein. Gibt es einen Pförtner? Erfüllen Sie dessen Kriterien für den Eingang in die nächste Ebene?

Pille

Wenn Sie in einem Albtraum eine Pille nehmen, könnten Sie das Gefühl haben, dass Sie sich im realen Leben mit etwas werden abfinden müssen.

Pilz

Eine Pilzerkrankung in einem schlimmen Traum kann mit einem echten physischen Problem zusammenhängen. Sie kann auch Symbol für eine Lebenssituation sein, die Ihnen über den Kopf wächst.

Polizei

Polizeibeamte stehen für Autorität, sie hüten das Gesetz. Ein Traum von der Polizei könnte als Warnung vor einem Gesetzesbruch oder -missbrauch dienen. Er könnte auch auf Angst vor Bestrafung verweisen. Oder aber der Traum könnte einen Wunsch nach Gerechtigkeit und nach Bestrafung der Übeltäter ausdrücken in einer Sache, die Ihnen am Herzen liegt.

Prozess

Wenn Sie im Albtraum vor Gericht stehen, verweist das darauf, dass man über Sie urteilt oder Sie Angst vor Verurteilung haben. Ein Prozess könnte aber auch anzeigen, dass Sie zu hart über andere urteilen.

Prüfung

In *Deine Träume – Schlüssel zur Selbsterkenntnis* schreibt Ann Faraday, dass diese Träume meistens auftreten, wenn wir das Gefühl haben, wir würden von jemandem getestet oder geprüft, beispielsweise bei einem Vorstellungsgespräch oder sogar im spirituellen Bereich.

Wenn Sie in einem Albtraum zu einer Prüfung antreten, machen Sie sich vielleicht Sorgen über ein mögliches Versagen oder Ihre mangelnde Vorbereitung auf etwas. Jeder von uns fühlt sich ab und zu unvorbereitet, der Prüfungstraum reflektiert oft das ungute Gefühl, man wäre für eine Veränderung im Leben noch nicht bereit. Achten Sie auf die spezifischen Elemente eines solchen Traums, sie werden Ihnen mehr über das Szenario verraten. Ein Stapel Prüfungsarbeiten könnte etwa anzeigen, dass Sie meinen, Sie würden zu oft geprüft. Wenn Sie diesen Traum auf Ihre eigenen Umstände anwenden, berücksichtigen Sie, ob Sie im realen Leben einen Termin einhalten müssen oder sehr unter Druck stehen. Wenn nicht, dann prüfen Sie, ob Sie sich für etwas in Ihrem Leben nicht bereit fühlen.

R

Rabe

In Träumen stellen Raben eine Warnung dar. Achten Sie darauf, was in Ihrem Traum neben den Raben noch vorkommt, denn das könnte Sie erkennen lassen, wovor Sie sich in Acht nehmen müssen.

Ratte

Ratten werden allgemein mit Schmutz und Verfall assoziiert. Albträume, in denen eine oder mehrere Ratten vorkommen, könnten auf die Verschlechterung einer Situation verweisen. Fragen Sie sich, wer die »Ratte« in Ihrem Leben ist. Weil Ratten auch ein Symbol für schwierige Veränderungen sein können, überlegen Sie, ob Sie Befürchtungen hegen, etwas in Ihrem Leben könnte sich verschlechtern.

Rauch

Wenn in Ihrem Traum ein Raum voller Rauch ist, verweist das auf eine Situation in Ihrem Leben, die nur unklar zu erkennen ist. Wenn sich dagegen der Rauch verzieht, wird bald Klarheit herrschen.

Rauswurf

Wer irgendwo hinausgeworfen wird, ist traurig, weil er in einer Gruppe oder gesellschaftlichen Situation fehl am Platz ist. Für das reale Leben kann das auch bedeuten, dass Sie Ihre Zeitgenossen zu häufig überstrapazieren.

Reise

Vielleicht haben Sie Albträume, in denen es um Reisen geht. Wenn es sich um einen wiederkehrenden Traum, besonders einen in einer anderen Zeit, handelt, könnte das eine Erfahrung aus einem vergangenen Leben mit traumatischem Ausgang sein. In einem solchen Fall können Sie die Methode Ihrer Wahl zur Auflösung des Albtraums einsetzen. Je mehr Sie über Traumreisen in vergangene Leben in Erfahrung bringen, desto besser können Sie bewusst Ziele für zukünftige setzen. So wie jeder Reisende vergangene Erfahrungen für die Vorbereitung seiner nächsten Reise nützt, können Ihre Traumreisen Ihnen die Vorbereitung auf Ihre nächste luzide Traumerfahrung erleichtern. Wenn Sie Ihre Erfahrungen überdenken, werden Sie auf Fallen stoßen, die es in Zukunft zu vermeiden gilt. Bei früheren luziden Traumreisen wussten Sie vielleicht noch nicht, dass Sie diese steuern können.

Richter

Wenn Sie der Richter sind, deutet der Traum an, dass Sie vor einer Wahl stehen. Ein Richter kann auch Gerechtigkeit oder Fairness bedeuten. Er ließe sich auch als jener Teil Ihres Selbst interpretieren, welcher Ihr impulsives Verhalten kritisiert. Vielleicht machen Sie sich auch Sorgen, dass man über Sie urteilt. Überlegen Sie in diesem Fall, wer das tut.

Riese

Sehen Sie sich in einem Albtraum einem fürchterlichen Riesen gegenüber, übersehen Sie anstehende Probleme, die wahrzunehmen Sie nicht wagen oder nicht bereit sind. Ist der Riese im Traum nicht Ihr Gegenspieler, könnte es sein, dass Ihr Leben eine große Bereicherung erfahren wird.

Rücken

Wir können nicht sehen, was hinter unserem Rücken passiert, wer oder was sich nähert. Der Rücken ist daher ein Symbol für Verletzlichkeit oder mangelnde Kontrolle. Auch das Rückgrat gehört zum Rücken, »Rückgrat zu haben« (oder nicht zu haben) bedeutet, mutig, entschlossen, von starkem Charakter und Willen zu sein (oder nicht). Weitere Bilder, die hierhergehören, sind einer Sache oder jemandem »den Rücken zuwenden«, wenn man nichts damit zu tun haben will;

jemand fällt einem »in den Rücken«, verrät einen; und der Wunsch nach »Rückhalt«, also Unterstützung.

Rückwärts

Wenn Sie sich im Traum rückwärts bewegen – ob gehen, reisen oder rutschen –, haben Sie das Gefühl, dass Sie in irgendeinem Bereich Ihres Lebens in alte Muster zurückfallen, ob im Verhalten, Denken oder Fühlen.

Ruine

Ist etwas in Ihrem Traum nur noch eine Ruine, verweist das auf die Verschlechterung einer Lebensbedingung. Vergessen Sie dabei nicht, dass sich immer, wenn etwas zusammenbricht, eine Möglichkeit für einen Neuaufbau ergibt.

S

Sarg

Ein Sarg kann ein Gefühl des Eingesperrtseins symbolisieren. Särge beziehen sich auch auf den Tod; fragen Sie sich in diesem Fall, welcher Teil Ihres Lebens tot oder im Absterben begriffen sein könnte.

Säure

Wenn Sie träumen, dass Sie mit Säure übergossen werden, weist das auf ziemlich starke Ängste hin. Eine Pause könnte angesagt sein. Wenn Sie Säure trinken, ist der Traum eine Metapher dafür, dass »etwas Sie auffrisst«. Finden Sie heraus, was Sie quält, und bringen Sie es in Ordnung.

Schädel

Ein Totenkopf mit gekreuzten Knochen im Traum ist ein traditionelles Zeichen für Gefahr und möglicherweise Tod – eine Warnung.

Schaden zufügen

Wenn Sie im Traum anderen schaden, durch Täuschung, Lügen oder Rufschädigung, signalisiert das, dass Ihr eigener Ruf Schaden erleiden wird.

Schatten

Dies ist ein weiterer von Jungs Archetypen. Träume vom eigenen Schatten könnten darauf hinweisen, dass Sie sich mit verborgenen Teilen Ihrer selbst auseinandersetzen müssen. Vielleicht nehmen Sie diese dunkleren Aspekte Ihrer Persönlichkeit nicht an und projizieren sie auf andere. Der Albtraum könnte auch aufzeigen, dass Sie die Schattenseite in Ihre Psyche integrieren müssen.

Schaufel

Eine Schaufel ist ein Werkzeug zum Graben, in einem schlimmen Traum könnte sie ausdrücken, dass Sie nach etwas suchen oder sich der Erforschung Ihres inneren Wissens widmen werden. Eine Schaufel kann auch für bevorstehende Mühen oder harte Arbeit stehen. Eine kaputte Schaufel könnte bedeuten, dass es im Beruf zu Frustration kommt.

Schere

Das könnte bedeuten, dass es etwas in Ihrem Leben gibt, das Sie lieber wegschneiden möchten. Eine Schere kann auch ausdrücken, dass Sie mit etwas aufhören müssen. Achten Sie darauf, wer die Schere in Ihrem Albtraum hält – sie könnte ein Symbol für jemanden sein, der Sie sehr »kurz« abfertigt.

Schimpfworte

Wenn Ihnen jemand im Albtraum Schimpfworte an den Kopf wirft, könnte das bedeuten, dass Sie über sich selbst aufgebracht sind, weil Sie etwas Bestimmtes gedacht oder getan haben und meinen, Sie müssten bestraft werden. Wenn Sie andere beschimpfen, bauen Sie durch diesen Traum aufgestaute Frustrationen und Ärger ab.

Schlagen

Wenn Sie im Traum geschlagen werden, wird eventuell Angst freigesetzt. Und zwar die Angst, dass etwas in Ihrem Leben Ihre Gefühle verletzen oder Ihren Chancen schaden wird. Gehen Sie die Menschen in Ihrer derzeitigen Lebenssituation durch, haben Sie das Gefühl, sie würden Ihnen wehtun, um vorwärtszukommen? Haben Sie das Gefühl, dass andere Sie ausnutzen und unfair beurteilen? Vielleicht sind Sie auch »niedergeschlagen« im Hinblick auf etwas, das Ihnen am Herzen liegt. Ihr Traum drückt die Tiefe Ihrer Entmutigung aus, damit Sie Ihre Stärke wiederfinden können. Wenn Sie im Traum jemanden schlagen, hat sich in Ihnen Wut oder Frustration über eine bestimmte Person oder Situation aufgestaut. Oder Sie verabscheuen an sich selbst die Eigenschaften, für die die Person im Traum steht.

Schlamm

Schlamm steht in Träumen für das Bedürfnis nach Reinigung.

Schlange

Eine Schlange ist ein archetypisches Bild, das zahlreiche Auslegungen zulässt. In der Mythologie sind Schlangen Symbole der Weisheit und der Fruchtbarkeit. In der antiken Kultur der Griechen und Römer waren sie Symbole der Heilkunst. Wie Eidechsen häuten sich auch Schlangen – ein Symbol der Erneuerung. Eine Schlange im Traum könnte daher bedeuten, dass in irgendeiner Form neues Leben beginnen wird, sich neue Möglichkeiten bieten werden. Gemäß östlichen Traditionen gehört die Schlange zu einer Kraft, die aus der Basis der Wirbelsäule entspringt und Symbol des Wandels ist.

Das alte Symbol von der Schlange, die ihren eigenen Schwanz schluckt, steht für die Natur, die von sich selbst lebt und sich erneuert.

Schlangen symbolisieren jedoch auch die Gefahren der Unterwelt. In der Bibel steht die Schlange für Versuchung, verbotenes Wissen und die Quelle des Bösen. Sie erscheinen in Märchen oft als Betrüger, sind klug, aber heimtückisch. Freud bezieht die Schlange auf das männliche Geschlechtsteil, in Träumen sind sie auch mit Weisheit oder Sex, oder mit beidem, verbunden. Bei Jung steht das archetypische Bild der Schlange für die Wahrnehmung der essenziellen Energie von Leben und Natur. Achten Sie bei der Auslegung eines

Schlangentraums darauf, welche symbolische Bedeutung Sie der Schlange zusprechen, und beachten Sie auch andere Aspekte des Traums.

Schlechtes Verhalten

Träume, in denen Sie schlechte Dinge tun, beziehen sich auf Ihr inneres Urteil über Ihr eigenes Verhalten oder Ihren Wert. Wenn Sie das Handeln eines anderen im Traum als schlecht verurteilen, erkennen Sie in jener Person einen Aspekt oder eine Eigenschaft Ihrer selbst, die Sie als nicht gesund empfinden. Wenn Sie sich im Traum schuldig fühlen, haben Sie eventuell Schuldgefühle oder Sorgen im Hinblick auf etwas, das Sie getan oder unterlassen haben, zu Ihrem eigenen Nachteil oder dem eines anderen.

Schleier

Wenn in einem Albtraum jemand oder etwas verschleiert ist, weist das darauf hin, dass Sie sich vor etwas verstecken oder etwas vor Ihnen versteckt wird.

Schlucht

Ähnlich anderen Traumbildern von Leerräumen hängt auch dieses mit der Angst vor dem Absturz in gefährlich unbekannte oder leere Räume zusammen. Dieser Traum kann Hindernisse, Ungewissheit, aber auch Versagensängste oder Angst vor anderen Dingen, die Sie beschäftigen, symbolisieren. (Siehe auch *Abgrund, Felshang, Grube* und *Klippe.*)

Schluckauf

Sehr wahrscheinlich wurden oder werden Ihre Pläne durchkreuzt, und Sie möchten herausfinden, warum. Schluckauf in einem Albtraum verweist auch darauf, dass Sie triviale Dinge zu ernst nehmen.

Schlüssel

Ein Schlüssel bedeutet Zugang: Er öffnet Türen, startet Autos und verschafft uns Zugang zu unserem Heim und unserem Büro. Wenn Sie in einem Traum Ihre Schlüssel verlieren, bedeutet das, dass Ihnen irgendwo der Zutritt verwehrt wird. Wenn Sie dagegen Ihre Schlüssel wiederfinden, öffnet sich dieser Zugang wieder.

Ein Schlüssel kann auch für einen Teil Ihrer selbst stehen, den Sie unter Schloss und Riegel halten. Die Bedeutung ist gleich wie beim Verlust oder Auffinden des Schlüssels, nur direkt auf Sie bezogen. Ein solcher Traum könnte auch vermitteln, dass Sie selbst den Schlüssel für Ihre Anliegen in Händen halten.

Schmerzen

Schmerzen in Albträumen können echte Empfindungen Ihres Körpers im Schlaf sein. Handelt es sich um starke Schmerzen, wäre es vielleicht Zeit für eine ärztliche Untersuchung. Wenn Sie den Schmerz im Traum spüren, sind Sie wahrscheinlich zur Hälfte luzid und fühlen ihn auch im Wachzustand. Gibt es den Schmerz nur in der Vorstellung, könnte das bedeuten, dass Sie zu der Zeit im realen Leben emotional leiden. Der Körper sendet im Traum häufig eine Nachricht, um Sie auf etwas aufmerksam zu machen, das Ihnen im Wachzustand nicht bewusst ist.

Schmutz

Wenn Sie von Erde oder Schmutz träumen, könnten Sie sich wegen einer nicht lange zurückliegenden Tat »schmutzig« fühlen. Oder Sie versuchen vielleicht, Gefühle zu vergraben, die ein ungutes Gefühl erzeugen. Wenn Sie beruflich oder allgemein unter Stress stehen, könnten Sie von Erde träumen, weil Sie gerne »geerdet« sein möchten, um Ihre Ängste zu überwinden.

Schnee

Da es sich bei Schnee um Wasser in festem Zustand handelt, kann er für eingefrorene Gefühle stehen. Wenn der Schnee schmilzt, tauen Gefühle auf. Wenn Sie in einen Schneesturm geraten, kann das Unsicherheit in Gefühlsdingen oder die Sorge, eine lang ersehnte Vergnügung nicht genießen zu können, aufzeigen.

Schrank

Schränke sind Orte, an denen Dinge aufbewahrt oder verborgen werden. Wenn Sie in Ihrem Leben etwas verbergen, könnte Ihr Traum darauf hindeuten, dass es an der Zeit ist, es loszulassen oder offenzulegen.

Schrei/Schreien

Wenn Sie in einem Albtraum jemanden anschreien, steht das für unterdrückte Wut oder Frustration entweder auf sich selbst, einen anderen oder auf eine Situation in Ihrem Leben, die Sie meinen nicht verändern zu können. Wenn Sie angeschrien werden, fühlen Sie sich von anderen verurteilt. Wenn Sie im Traum jemanden in der Ferne schreien hören, suchen Sie vielleicht unbewusst nach Hilfe.

Schule

Wenn Ihr Albtraum in einer Schule stattfindet, ist das, was dort geschieht, wichtig für die Auslegung. Wenn Sie zu spät zum Unterricht kommen oder zu einer Prüfung gehen, ohne jemals beim Unterricht gewesen zu sein, fühlen Sie sich auf etwas im Leben nicht vorbereitet. Wenn Sie auf der Suche nach einer Schule oder einer Klasse sind, könnte der Traum ausdrücken, dass es gut ist, wenn Sie sich weiterbilden.

Schusswaffe

Eine Schusswaffe in Ihrem Besitz kann Schutz symbolisieren, ist aber auch ein Phallussymbol und Zeichen aggressiven männlichen Verhaltens. Wenn Sie sich selbst erschießen, ist die Handlung wichtig, nicht die Schusswaffe. (Siehe *Selbstmord*.)

Schwert

Ein Schwert kann tief verwunden. Ein Furcht erregender Traum, in dem ein Schwert vorkommt, könnte anzeigen, dass entschlossenes Handeln erforderlich ist.

Schwiegermutter

Erscheint Ihnen im Traum Ihre Schwiegermutter, deutet das an, dass Sie eine tiefere Verbindung anstreben oder Probleme mit ihr lösen möchten. Überlegen Sie, welche Eigenschaften Ihrer Schwiegermutter Sie bewundern oder welche Ihnen zu schaffen machen. Sie werden dieselben Eigenschaften in sich selbst finden. Vielleicht fordert Ihr Albtraum Sie auf, sich aus jemandes Leben ein wenig zurückzuziehen; lassen Sie diese Person mehr Verantwortung für sich selbst übernehmen.

Selbstmord

Selbstmord ist wahrscheinlich ein symbolischer Ausdruck dessen, was in Ihrem realen Leben geschieht. Ein solcher Traum kann eine persönliche Transformation widerspiegeln: eine Scheidung, einen beruflichen Wechsel oder andere große Veränderungen. Sie ermorden im Grunde Ihre Vergangenheit und werden ein neuer Mensch.

Sex

Nach Sigmund Freud haben alle Träume mit sexuellen Dingen zu tun. Freud schrieb im 19. Jahrhundert, einer Zeit, als Sex tabu war, und seine Ideen trugen zur Befreiung der westlichen Welt von den repressiven Strukturen dieser Ära bei. Freuds Ansicht, dass der Geschlechtstrieb hinter nahezu allen Träumen steht, wird jedoch heute nicht mehr akzeptiert. Einige Traumforscher meinen nun sogar, dass manche Sexträume eventuell gar nichts mit Sex zu tun hätten.

Sexuelle Träume können Hinweise auf wichtige persönliche Bedürfnisse, Wünsche, Ängste und Veränderungen enthalten. Menschen, die sich von einer Krankheit, Depression, Operation oder von Trauerarbeit erholen, können ganz plötzlich und unerklärlich sexuelle Träume haben. Sie scheinen mit verbesserter körperlicher Vitalität und mehr Lebensfreude gekoppelt zu sein, auch wenn sie gelegentlich vor der körperlichen Erholung auftreten, und wirken oft in Anbetracht der körperlichen Gegebenheiten beinahe humoristisch. Doch diese Träume sollen Sie daran erinnern, dass Sie zwar vielleicht Schlimmes durchgemacht haben, aber dennoch immer noch sehr lebendig sind.

Sicherung

Wenn im Traum eine Sicherung durchbrennt, ist unterdrückter Zorn auf jemanden gemeint. Es kann aber auch bedeuten, dass eine unerwartete, überraschende Neuigkeit eintreffen wird.

Speer

Wenn Sie in einem Albtraum einen Speer nach einer Person werfen, kann das für den Versuch stehen, jemandem Ihren Willen aufzuzwingen. Wird der Speer über ein Feld oder in Richtung eines Bergs oder Ozeans geschleudert, könnte der Traum bedeuten, dass Sie etwas nachdrücklich kundtun.

Spinne

Spinnen sind fleißig und weben ein kunstvolles Netz, sie können in Träumen Ihre Arbeitsweise symbolisieren. Eine Begegnung mit einer großen Spinne könnte einen raschen Aufstieg zu Ruhm und Reichtum bedeuten, außer die große Spinne beißt Sie, dann kann sie für den Verlust von Geld oder Ruf stehen. Wer sich in einem Spinnennetz verfängt, könnte sich im realen Leben in einer Situation gefangen fühlen.

Stacheldraht

Stacheldraht in einem Albtraum kann bedeuten, dass Sie sich in einem Bereich Ihres Lebens eingeengt oder eingeschränkt fühlen. Wenn Sie irgendwohin gelangen möchten und dabei Stacheldraht überwinden müssen, befinden Sie sich vielleicht in einer Übergangsphase, die sich als schmerzlich erweisen könnte. Wenn Sie sich selbst an Stacheln oder einem Stacheldraht schneiden, fürchten Sie sich davor, emotional verletzt zu werden, möglicherweise von der »spitzen Zunge« einer Person.

Stachelschwein

Kommt in einem Traum ein Stachelschwein vor, bedeutet das, dass Sie auf der Hut sein müssen.

Statue

Ein schlechter Traum von einer oder mehreren Statuen könnte auf einen Mangel an Bewegung in Ihrem Leben hindeuten. Statuen sind auch kalt und können eingefrorene Gefühle symbolisieren.

Steine

Steine können kleine Ärgernisse oder Hindernisse, die es zu überwinden gilt, darstellen. Wenn Sie im Traum einen Stein werfen, könnte das bedeuten, dass Sie Grund haben, jemandem Vorwürfe zu machen. Ein Stein allein in einem Albtraum stellt oft das Selbst dar.

Sterben

Träume vom Sterben weisen auf das Ende eines emotionalen Zustands oder einer aktuellen Situation hin. Wenn Sie träumen, dass Sie sterben werden, wird darin die Missachtung eines bestimmten Aspekts in Ihrem Leben angedeutet. Ringen Tiere mit dem Tod, ist das ein Symbol für bedrohliche schlechte Einflüsse.

Stier

In Träumen steht ein Stier für männliche Energie, Sturheit, Kreativität, Führungsqualitäten, das Ego/Selbst (besonders bei Männern). Er kann auch ein zu rasches Vorgehen mit schädlichen Folgen symbolisieren. Wenn Sie von einem Stier träumen, achten Sie auf die Umstände. Wird der Stier beispielsweise von einem Matador (der Ihnen zufällig ähnlich sieht) getötet, ließe sich das so auslegen, dass Sie Ihre stierköpfige Natur (und Laune) in den Griff bekommen.

Stimmen

Wenn Sie in Ihren Albträumen zornige Stimmen hören, dann sollten Sie überlegen, ob Sie über sich selbst oder andere frustriert oder wütend sind, eventuell müssen Sie auch mit Enttäuschungen rechnen. Sind die Stimmen traurig, so weist das darauf hin, dass Sie Traurigkeit oder Kummer verarbeiten und loslassen müssen. Wenn die Stimmen weinen, sollten Sie mit einem plötzlichen Wutausbruch rechnen. Hingegen zeigen angenehme Stimmen an, dass es in Ihrer Zukunft erfreuliche Versöhnungen geben wird. Hören Sie zum Beispiel die Stimme Gottes, dann werden Sie bald von angesehenen Persönlichkeiten für Ihre Selbstlosigkeit und Großzügigkeit gelobt werden.

Straße

Auf einer Straße fährt man von einem Ort zum anderen. Achten Sie auf deren Zustand in Ihrem Albtraum: Eine ebene, gerade Straße lässt vermuten, dass der vor Ihnen liegende Weg einfach ist. Eine Straße mit Steilstücken und Kurven könnte dagegen anzeigen, dass Sie vorausschauen, flexibel agieren und auf Änderungen vorbereitet sein müssen. Eine Straßensperre verweist auf Umwege.

Streit

Ein Albtraum über einen Streit könnte anzeigen, dass ein innerer Aufruhr Sie quält. Ist die Person, mit der Sie streiten, erkennbar, überdenken Sie Ihre Beziehung zu ihr und versuchen Sie herauszufinden, worin die Meinungsverschiedenheiten bestehen. Der Traum könnte Hinweise auf eine mögliche Lösung der Schwierigkeiten enthalten.

Stromschlag

Ein Traum, in welchem Sie oder jemand anderer durch einen Stromschlag sterben, zeigt an, dass Sie über Vorgänge um Sie herum schockiert sind. Er deutet auch an, dass Sie Angst haben, in einer engen Beziehung oder in Ihrem Beruf an Einfluss zu verlieren.

Stromschnelle

Stromschnellen stehen für Gefahr und für die Furcht, von Emotionen mitgerissen zu werden.

Stumme Schreie

Wenn Sie in einem Traum schreien, ohne dass etwas zu hören ist, hängt das wahrscheinlich mit einem Umstand in Ihrem realen Leben zusammen, zu dem Sie Ihre Gefühle nicht ausdrücken können.

Fällt es Ihnen schwer, sich gegen bestimmte Personen oder Situationen in Ihrem Leben zu wehren? Überlegen Sie, wie Sie Ihre Stimme »finden« und sich ausdrücken könnten.

Sturzflut

Ein Albtraum, in welchem sich reißende Wasser ergießen, deutet auf tiefe Beunruhigung im Gefühlsleben des Träumenden oder einer im Traum vorkommenden Person hin.

Suche

Wird in einem Traum gesucht, dreht es sich meist weniger um das Gesuchte, auch wenn das erklärende Hinweise liefern kann, sondern mehr um die Suche selbst. Suchen ist gewöhnlich eine Metapher für etwas, nach dem Sie im realen Leben suchen oder das Sie brauchen. Wenn Sie beispielsweise nach einem Ort für eine Liebesnacht suchen, dabei von Haus zu Haus, Ort zu Ort oder Stadt zu Stadt ziehen, dreht sich der Traum mehr um die Suche nach einem Ort als nach dem Sex selbst. Solche Träume sind Metaphern für eine Suche nach Intimität.

Sucht/Süchtiger

Wenn Sie träumen, dass jemand süchtig ist, kann Ihr Albtraum Sie auf etwas aufmerksam machen, das Sie von jemandem noch nicht wissen. Wenn Sie der Süchtige im Traum sind, sagt Ihnen Ihr Unterbewusstsein, dass Sie sich zu Ihrem eigenen Nachteil in etwas verbissen haben. Sie haben das Gefühl, dass Ihnen die Dinge in Ihrem Leben entglitten sind, und sind gleichzeitig abhängig davon, dass sich an der Situation nichts ändert.

T

Teufel

Der Teufel steht für das Böse und die Versuchung. Erscheint er in seiner stereotypen Form mit den üblichen »Accessoires« in Ihrem Traum, könnte das bedeuten, dass Sie etwas verbergen, das Sie falsch gemacht haben, und von Ihrem schlechten Gewissen geplagt werden. Wenn Sie gegen den Teufel ankämpfen, könnte er für Personen stehen, die Sie verletzen möchten. Der Teufel kann auch eine Person in Ihrem Leben symbolisieren, gegen die Sie unterdrückte Abneigung hegen, vielleicht einen Partner oder ein Familienmitglied.

Tiere

Tiere stehen für negative und positive Eigenschaften von Menschen, je wilder das Tier, desto primitiver ist die Emotion. Bei Tieren sind die Instinkte sehr stark; daher kann der Traum von einem Tier auf Ihre eigenen Instinkte und Ihre Intuition bezogen sein. Außerdem können sie für verschiedene Seiten Ihrer »animalischen« Natur stehen, Träume von Tieren implizieren allgemein ein Erwachen der Stammesseele (Menschen sind schlussendlich auch Tiere). Tiere können auch Schutz, Weisheit, Unschuld, räuberische Neigungen oder Sexualität symbolisieren, je nachdem, wie die Natur des Tiers wahrgenommen wird. Die Eigenschaften, die Sie mit dem Tier assoziieren, können ebenfalls auf die Bedeutung des Traums hinweisen. Ein Tier kann zudem für den menschlichen Körper stehen oder Metapher für dessen Erkrankung sein.

> **Tiere als Orientierung**
> Tiere, die uns in Träumen begegnen, können symbolische oder echte Orientierung bieten. Die Parapsychologin Sylvia Browne bezeichnet sie als Totems. Sie meint, dass eine Seele, bevor sie in dieser Welt wiedergeboren wird, Beschützer wählt, einen guten Geist, ein Totem (oder »Tierführer«) und Engel, die ihr durch Wachstunden und Träume helfen.

Aggressive Tiere warnen vor Gefahr im Leben oder zeigen ein Gefühl der Bedrohung an. Wer im Traum ein Tier ist, das gezähmt wird, erhält eine Warnung, sein ursprüngliches Wesen zu beherrschen (beispielsweise, seine überschäumende körperliche Leidenschaft zu zügeln). Wird in Ihrem Traum ein Tier getötet, geht in Ihrem Umfeld ein tatsächliches oder bildliches Sterben vor sich.

Tiger

In einem Traum bedeutet dieses wilde, gefährliche Tier eventuell, dass Sie verfolgt werden oder Ihnen Qualen bevorstehen.

Tod

Der Tod ist die allerletzte Metamorphose, der Übergang von einem Seinszustand in einen anderen. Im Tarot bedeutet die Todeskarte Transformation – eine wesentliche Veränderung, die Sie von einer Lebensweise zu einer anderen katapultiert. Im Traum hat der Tod gewöhnlich die gleiche symbolische Bedeutung.

Nur selten kündigen Todesträume physisches Sterben an. Häufig sind sie einfach nur Metaphern für wesentliche Veränderungen im Leben. Solche Träume könnten symbolisch für Ihre Beziehungen, Ihren Beruf oder für Aspekte Ihrer Persönlichkeit sein. Wenn Sie so etwas träumen, überlegen Sie, ob ein Bereich Ihres Lebens großen Veränderungen unterworfen ist. Sind Sie dabei, sich scheiden zu lassen? Erwarten Sie ein Kind? Stehen Sie kurz vor der Hochzeit? Denken Sie an eine berufliche Veränderung? In diesem Sinn handeln Todesträume weniger vom Tod und mehr von der Wiedergeburt, wenn Sie von einer alten Lebensphase in eine andere eintreten, sich auf eine neue Ebene begeben.

Ein Traum über den Tod oder Beinahe-Tod eines lebenden Familienmitglieds oder Verwandten kann, wie die meisten Todesträume, auf eine große Veränderung im Leben jener Person hinweisen. In so einem Fall dient der Traum als Informationskanal.

Wenn Sie von einem Freund oder Verwandten träumen, der bereits verstorben ist, seien Sie unbesorgt. Das ist kein Omen, dass Sie oder jemand, den Sie kennen, sterben werden. Es könnte einfach bedeuten, dass es in der Persönlichkeit dieses Menschen Aspekte gibt, die für Ihr Leben wichtig sind. Wenn Sie beispielsweise von Ihrem verstorbenen Großvater träumen und zuallererst daran denken, wie hart er gearbeitet hat, könnte das ein dezenter Hinweis sein, selbst die Ärmel hochzukrempeln.

Gelegentlich könnte ein Todestraum auf einen Tod verweisen, aber nicht unbedingt den Tod einer Person. Ist der Tod nicht mit Furcht verbunden, kann der Traum bedeuten, dass Sie etwas loslassen oder einen Schritt vorwärts machen. Ein Leichnam dagegen kann auf eine »leblose«, erstarrte Routine verweisen. (Siehe auch *Tote* und *Sterben*.)

Übergangssymbole

Wie im Eintrag »Tod« beschrieben, ist der Tod kein wörtlich gemeintes Symbol, sondern eher eine abstrakte Darstellung eines schwierigen Übergangs oder einer Umwälzung im Leben. Andere Traumsymbole, die ähnliche Gefühlswerte transportieren, sind Krieg, Gräber, Gestank, Ratten und Blutegel.

Tornado

Tornados richten schnell schreckliche Zerstörungen an und könnten in einem Albtraum bedeuten, dass Ihr Wunsch nach einer raschen Lösung in einer Angelegenheit zu Enttäuschung führt.

Tote

Erscheinen Tote in einem Traum, ist das gewöhnlich eine Warnung. Sehen Sie Tote glücklich und lebendig, deutet das auf einen schlechten Einfluss hin, der über Ihrem Leben liegt.

Töten

Wenn Sie in einem schlechten Traum töten, ist das vermutlich keine Warnung, dass Sie drauf und dran sind, zum Mörder zu werden. Die Bedeutung ist eher ein symbolischer Akt der Aggression. Wer wurde getötet, und welche Rolle spielt die Person in Ihrem Leben? Wenn Sie die Person nicht kennen, könnte der Albtraum ausdrücken, dass Sie einen unerwünschten Teil Ihres Selbst abtöten.

Totgeburt

Eine Totgeburt deutet auf ein vorzeitiges Ende oder einen belastenden Umstand in einer anstehenden Angelegenheit hin.

Treibsand

Ein Traum von Treibsand bedeutet, dass Sie Acht geben müssen, wohin Sie sich begeben. Wenn Sie bereits von Treibsand umgeben sind, sind Sie möglicherweise emotional in der

Klemme und fühlen, dass es kein Entrinnen gibt. Der Albtraum kann sich auf berufliche oder persönliche Dinge beziehen.

Treten

Treten steht im Traum für Feindseligkeit und Wut. Treten Sie, oder werden Sie getreten? Treten drückt auch den Wunsch nach Rache an jemandem aus, der Ihnen Unrecht getan hat.

Tunnel

Aus freudscher Perspektive verweist ein Tunneltraum auf eine Vagina, ein Zug, der in den Tunnel einfährt, steht für Geschlechtsverkehr. Üblicherweise zeigt ein Tunnel jedoch an, dass Sie von einem Teil des Lebens zu einem anderen übergehen, aber das Ergebnis noch nicht sehen können. Ein Tunnel kann auch eine Verbindung zwischen zwei Zuständen sein. Wenn Sie ihn verlassen, werden Sie sich in einem neuen Geisteszustand befinden.

Turm

In einem Albtraum kann ein Turm Symbol für Wachsamkeit, Bestrafung oder Isolation sein. Ein »Elfenbeinturm« deutet darauf hin, dass Sie oder eine Person im Traum den Bezug zur Realität verloren haben.

U

UFO

Das UFO erinnert uns an unseren Platz als Bewohner eines sehr großen Universums. UFO-Träume können auch auf etwas Ungewöhnliches oder Fremdes in Ihrem Leben hindeuten.

Uhr

Wer ist sich nicht dessen bewusst, wie schnell die Zeit vergeht? Unser modernes Leben ist so sehr an die Uhr gebunden, weil wir ständig unseren Monats-, Tages- oder Stundenplan einzuhalten versuchen, dass es nicht überraschen darf, wenn eine Uhr im Traum für das Verstreichen von Zeit steht. Achten Sie in einem solchen Traum auf Einzelheiten und den Zusammenhang, denn Zeit kann vieles bedeuten, vom Älterwerden bis zu einer inneren Weckuhr, die Sie sich unbewusst gestellt haben. Haben Sie bestimmte Erwartungen, wann und wie Sie bestimmte Dinge schaffen möchten? Könnte Ihr Traum eine sanfte Erinnerung sein, in bestimmten Bereichen schneller, in anderen langsamer vorzugehen?

Unfall

Ein Autounfall in einem Albtraum kann eine wörtlich gemeinte Warnung sein – seien Sie in den folgenden Wochen oder Monaten vorsichtig. Fahrzeuge stehen in Träumen jedoch häufig für Übergänge. Ein Autounfall kann, besonders wenn Sie am Steuer sitzen, Ihr Gefühl anzeigen, dass die Veränderungen, die Sie in Ihrem Leben vornehmen, keinen Erfolg haben werden. Ein Skiunfall oder Zusammenstoß in sehr schnellem Tempo ist ein außer Kontrolle geratener befreiender Traum. Er rät Ihnen, Ihr Leben in den Griff zu bekommen, bevor alles noch komplizierter wird. Ein Flugzeugabsturz deutet gewöhnlich auf Grübeln hin. Was macht Ihnen Sorgen oder Angst? Unfälle auf See beziehen sich auf Ihre emotionale Natur – vielleicht haben Sie das Gefühl, dass Ihre Emotionen gefährlich vom Kurs abgekommen sind oder Sie mit einer wichtigen Person in Ihrem Leben auf Kollisionskurs segeln. Die meisten Unfallträume sind nicht präkognitiv, fragen Sie sich also zuerst, was Ihnen der Traum darüber sagen möchte, wohin Sie in Ihrem Leben unterwegs sind, und zwar nicht nur in alltäglichen Dingen, sondern auf vielen Ebenen.

Unkraut

Wenn Sie von Unkraut träumen, muss in Ihrem Leben vielleicht »gejätet« werden. Ein verwilderter Garten könnte bedeuten, dass in Ihrem Leben etwas vernachlässigt wird. Ein Albtraum, in dem aus dem Unkraut ein wahres Dickicht wird, verweist auf dringend nötige Reinigung.

Untergeschoss

Wenn Sie sich im Traum im Untergeschoss aufhalten, könnte es bedeuten, dass Sie eine Verbindung zum Unterbewusstsein herstellen. Vielleicht graben Sie etwas aus Ihrer Vergangenheit aus, das näher untersucht werden muss. Das Untergeschoss in einem Albtraum zeigt möglicherweise auch an, dass Vergnügen und Wohlstand abnehmen oder daraus sogar Schwierigkeiten entstehen könnten.

Untergrund

Wenn Sie sich im Traum im Untergrund aufhalten, ist das häufig ein Symbol, dass Sie in Kontakt mit Ihrem Unterbewusstsein sind. Andere Bilder im Traum liefern mehr Informationen über die Art des Kontakts. Verbergen Sie etwas, das an die Oberfläche kommen sollte? Fragen Sie sich, wie Sie die Situation empfinden. Werden Sie gefangen gehalten, oder verstecken Sie sich? Eine U-Bahn in einem Traum könnte auf den Übergang zu einem anderen Geisteszustand, auf eine persönliche Transformation verweisen. Untersuchen Sie die Ereignisse in Ihrem Leben, und finden Sie heraus, wie eine solche Auslegung passen könnte.

Untreue

Oft ist ein Traum von der Untreue des Partners einfach nur Angst, im realen Leben verlassen oder betrogen zu werden. Manchmal handelt es sich jedoch um eine Warnung, dass dies tatsächlich passiert.

Urteil

Wenn Sie von einem Urteil träumen, fühlen Sie sich beurteilt und meinen, dass jemand anderer darüber entscheidet, was in Ihrem Leben passiert. Wenn Sie ein Urteil verkünden, haben Sie feste Vorstellungen davon, was andere Menschen tun sollten, und wollen jemandes Verhalten bestimmen. Vielleicht haben Sie auch das Gefühl, dass Sie in einer Situation unfair behandelt werden. Oder Sie meinen, Sie hätten etwas Falsches getan und müssten dafür gerichtet oder bestraft werden.

V

Vampir

Ein Vampirtraum könnte anzeigen, dass jemand Ihnen Energie raubt oder Sie übervorteilt. Die Botschaft möchte Sie vor Menschen warnen, die Sie zu viel Zeit oder Energie kosten. Wenn Sie im Traum gegen einen Vampir kämpfen oder ihn durchbohren, verweist das auf ein positives Ende eines Kampfes gegen jemanden, der Ihnen schaden will.

Verabredung

Eine verpasste Verabredung bedeutet das Gleiche wie ein verpasster Zug, Bus oder Flug. Sie haben eine Gelegenheit versäumt oder werden sie versäumen, wenn Sie nicht bald handeln. Finden Sie heraus, was diese Gelegenheit ist, und legen Sie sich ins Zeug. Wenn ein Termin naht und Sie träumen, Sie hätten ihn versäumt, werden Ängste in einer Angelegenheit frei, die Ihnen viel bedeutet.

Verflossene

Sexuelle Träume sind häufig ein Kommentar zu vergangenen und gegenwärtigen Beziehungen, Träume über ehemalige Geliebte bilden hier keine Ausnahme. In einem besonders ungeheuerlichen Traum könnten sogar all Ihre Verflossenen auf derselben Party oder im selben Bett auftauchen. Er zeigt an, dass Sie vergangene Bindungen, die sich immer noch auf

Ihre Beziehung auswirken, analysieren müssen. Wenn Sie einen Albtraum dieser Art haben, wäre es wichtig, Ihre Beziehungen auf bestimmte Muster zu untersuchen. Das gilt ganz besonders, wenn Sie mehrere gescheiterte Beziehungen oder Affären hinter sich haben, die voller Hoffnung begannen und ein übles Ende nahmen.

Verfolgungsjagd

Wenn Sie im Traum verfolgt werden, deutet das gewöhnlich darauf hin, dass Ihr Leben (zumindest nach Meinung Ihres Unbewussten) nicht in Ordnung ist und es Sie verfolgt. In den meisten Fällen spielt es keine Rolle, von wem Sie verfolgt werden – von der Schwiegermutter oder von großen, behaarten, orangefarbenen Monstern. Untersuchen Sie die Figuren in Ihren Träumen auf Hinweise, um zu erkennen, wovor Sie im realen Leben weglaufen.

Verlassen

Im Albtraum vom Liebsten, einem Freund oder einem Familienmitglied verlassen zu werden deutet darauf hin, dass solche Befürchtungen auch im realen Leben vorhanden sind. Wer sich als Kind ausgeschlossen fühlte, reagiert oft im Erwachsenenleben mit Träumen vom Verlassenwerden. In diesem Fall müssen Sie an der Stärkung Ihres Selbstwertgefühls arbeiten. Sind Sie in einer schwierigen Situation nicht für sich selbst eingetreten? Dann könnte der Traum darauf hinweisen, dass Sie gewissermaßen sich selbst, Ihre Prinzipien, Ihre Werte verlassen haben.

Verlegenheit

Wenn Sie in einem Albtraum in Verlegenheit geraten, bedeutet das, Sie wissen nicht, was Sie nun tun sollen. Es deutet auch auf einen allgemeinen Mangel an Selbstvertrauen hin. In Ihrem Leben sind vermutlich Probleme zum Vorschein gekommen, die Sie in der Vergangenheit plagten. Lösen Sie diese, und Sie werden Ruhe von diesen Träumen haben.

Verletzt

Wenn Sie im Traum verletzt sind, ist damit Ihr derzeitiger Gefühlszustand gemeint. Möglicherweise hat jemand Sie mit barschen Worten beleidigt oder in anderer Weise tief getroffen.

Verlust

Wenn Sie im Traum etwas verlieren, bedeutet das oft, dass Ihr Unbewusstes einen realen Verlust verarbeitet. Was meinen Sie, wovon Sie sich trennen? Ist es ein gesunder Vorgang, oder handelt es sich um etwas, das Sie noch brauchen?

Das im Traum verlorene Objekt ist oft im übertragenen Sinn zu verstehen; es ist ein Symbol für das tatsächlich verlorene Objekt, die Beziehung oder Gelegenheit.

Verprügeln

Wenn Sie in einem Albtraum verprügelt werden, haben Sie das Gefühl, Sie hätten Strafe verdient, weil Sie etwas angestellt oder jemanden schlecht behandelt haben. Wenn Sie sehen, wie jemand verprügelt wird, besteht eine Notwendigkeit, in Ihrem Leben einige emotionale Probleme zu klären.

Versäumter Unterricht

Ähnlich Prüfungsträumen kann auch versäumter Unterricht im Traum darauf hindeuten, dass Sie sich Gedanken über mangelnde Vorbereitung machen.

Verschwinden

Dies ist ein häufiger Albtraum, in dem Sie auf der Suche nach einer verschwundenen Person oder einem verschwundenen Gegenstand sind. Wenn es sich um einen Gegenstand handelt, haben Sie nur einen trivialen Verlust zu bewältigen. Wenn eine Person unauffindbar ist, bedeutet das, dass Sie sich nach Verbundenheit mit dieser Person sehnen. Vielleicht hatten Sie eine Auseinandersetzung und möchten sich versöhnen, doch Ihr Unbewusstes weiß, dass das unmöglich sein könnte.

Verstecken

Wenn Sie sich in einem Traum verstecken, bedeutet das, dass Sie sich für Ihr Verhalten schämen oder schuldig fühlen. Es könnte auch auf den Wunsch verweisen, dem starren Alltag zu entfliehen.

Vulkan

Der Ausbruch eines Vulkans oder ein rauchender Vulkan könnte andeuten, dass starke Gefühle in Ihnen an die Oberfläche kommen und zum Ausdruck gebracht werden müssen, ehe Sie explodieren.

W

Waffe

Waffen können für männliche Genitalien stehen. Beachten Sie, wer die Waffe hält und wie sie eingesetzt wird. Der Zusammenhang ist sehr wichtig für die Deutung der Waffen in Träumen.

Wahrsager

Sie suchen nach mystischen Antworten. Ein Wahrsager in einem Albtraum kann bedeuten, dass Sie Zukunftsängste haben und Bestätigung suchen. Worüber machen Sie sich Sorgen? Holen Sie sich im realen Leben bei Menschen Rat und Unterstützung, denen Sie vertrauen können.

Wahrsagewerkzeuge

Wenn Sie diese im Traum sehen oder damit hantieren, sollten Sie wahrscheinlich einen Aspekt Ihres Lebens genauer untersuchen. Diese Werkzeuge stehen für die Notwendigkeit, etwas genauer zu prüfen oder mehr Informationen zu sammeln. Sie können auch anzeigen, dass es sich um einen vorhersehenden Traum handelt, doch das ist nicht bei allen Träumen der Fall, in denen Wahrsagewerkzeuge vorkommen.

Wald

Ein Wald steht für die Erkundung des Unbewussten. Er kann auch das Bedürfnis oder Verlangen symbolisieren, sich aus dem Alltag zurückzuziehen, um Energie zu tanken. Wer sich in einem Albtraum im finsteren Wald wiederfindet, hat möglicherweise zu Hause Unannehmlichkeiten. Ein Waldbrand hat einige Bedeutungen. In einem guten Traum kann er für den erfolgreichen Abschluss Ihrer Pläne und nachfolgenden Wohlstand stehen, weil der neue Wuchs ein so wichtiger Aspekt nach dem Waldbrand ist. Wenn Sie jedoch in einem brennenden Wald eingeschlossen werden oder vor dem Feuer zu fliehen versuchen, müssen Sie vielleicht mit Schwierigkeiten im realen Leben fertigwerden.

Warten

Warten im Traum ist ein Zeichen dafür, dass Sie nicht steuern können, was Sie herbeisehnen. Vielleicht warten Sie auf jemanden oder darauf, dass eine Situation sich verändert. Warten ist meist mit Gefühlen wie Ungeduld und Frustration verbunden, überlegen Sie also, wo Sie im Leben warten und was Sie tun können, um die Dinge zu beschleunigen.

Wasser

Denken Sie über Ihre Gefühlslage nach, wenn in Ihren Albträumen Wassersymbole auftauchen. Wenn Sie im Traum ertrinken, fühlen Sie sich zu diesem Zeitpunkt in Ihrem Leben emotional überfordert. Wenn Sie träumen, dass Sie in Eis oder Schnee gefangen sind, sind Ihre Gefühle verhärtet, und Sie können sie nur schwer erkennen und ihnen freien Lauf lassen. Wenn das Wasser warm, angenehm und reinigend ist, fühlen Sie sich an diesem Punkt emotional ausgeglichen. Ein Traum von schlammigem Wasser bedeutet, dass Ihre Gefühle über eine bestimmte Person oder Situation unklar sind. Wenn das Wasser klar ist, wissen Sie, was Sie tief in Ihrem Herzen wünschen. Wellengang kann Kommunikationsprobleme oder ein schwieriges Verhältnis zu einem geliebten Menschen anzeigen.

Wasserwirbel

Wasser steht für Emotionen oder für das Unbewusste, daher könnte ein Wasserwirbel im Traum anzeigen, dass Ihre Emotionen »im Flux« sind und Sie in einen Wirbel hineinziehen könnten, wenn Sie nicht vorsichtig sind.

Weinen

Weinen verweist auf unterdrückte Traurigkeit, gewöhnlich ausgelöst durch Herzenskummer. Es kann auch die Lösung von Problemen signalisieren. Analysieren Sie diesen Traum nach Möglichkeit nicht. Lassen Sie Ihr Unbewusstes arbeiten. Es könnte sich um einen »befreienden Traum« handeln, wie in Teil 1 beschrieben.

Wind

Wenn Sie im Traum gegen einen starken Wind gehen, zeigt das, dass Sie mutig sind, der Versuchung widerstehen und entschieden an der Verwirklichung Ihrer Hoffnungen arbeiten. Sie werden Erfolg haben. Wenn der Wind Sie jedoch gegen Ihren Willen wegbläst, verweist das auf mögliche Enttäuschungen in der Liebe und im Geschäftlichen.

Winter

Der Winter ist oft ein Synonym für das jährliche Absterben der Natur nach drei Phasen der Regeneration, des Wachstums und der Ernte. Er ist auch eine Zeit für Winterschlaf oder Entschleunigung. Überlegen Sie, wenn Sie vom Winter träumen, ob Sie in letzter Zeit metaphorisches Absterben irgendeiner Form erlebten. Haben Sie eine Beziehung beendet, eine ungute Situation oder Gewohnheit hinter sich gelassen?

Wirbelsturm

Wirbelstürme sind zerstörerisch und unberechenbar und können je nach Zusammenhang unterschiedliche Bedeutungen haben. Wenn Sie hören oder sehen, wie ein Wirbelsturm auf Sie zukommt, leiden Sie sehr unter der Anspannung in einer Sache, in der Sie einen Misserfolg abzuwenden versuchen. Wenn Sie die vom Wirbelsturm angerichteten Zerstörungen sehen, bedeutet das, Sie werden durch den Einsatz anderer knapp einem Unheil entkommen. Ein Albtraum, in dem Sie sich in einem vom Wirbelsturm zerstörten Haus befinden und versuchen, jemanden aus den Trümmern zu retten, könnte bedeuten, dass es in Ihrem Leben zu vielen Veränderungen kommen wird, aber dennoch kein Frieden in häuslichen oder beruflichen Fragen einkehrt. Wenn Sie Tote und Verletzte sehen, deutet es darauf hin, dass Sie sich Sorgen über die Probleme anderer machen.

Wirbelwind

Ein Wirbelwind im Traum deutet an, dass Sie mit einer Veränderung in einer anstehenden Angelegenheit konfrontiert werden, die Sie zu überwältigen droht. Achten Sie auf die anderen Aspekte des Traums. Stehen Sie dieser Gefahr alleine gegenüber oder zusammen mit jemand anderem? Sind Sie in Ihrem Haus oder an einem anderen Ort?

Wolf

In der einheimischen amerikanischen Kultur ist der Wolf gute Medizin, Symbol für den Wegbereiter und Lehrer mit großer Weisheit und großem Wissen. Träume von einem Wolf können Glück verheißen. Doch in einem Albtraum kann er Symbol für ein einsames männliches Wesen sein, das ein junges weibliches Wesen verfolgt und angreift, wie im Märchen Rotkäppchen.

Wolken

Dunkle, tief hängende Gewitterwolken und Blitze könnten Ihren Zorn bezüglich einer Situation signalisieren. Schiefergraue Wolken könnten darauf hindeuten, dass Ihre Sicht auf ein Thema nicht ganz klar ist. Überlegen Sie, wo in Ihrem Leben Klarheit nötig ist. Wenn weiße Wolkenhaufen über einen blauen Himmel ziehen, könnten sich die Dinge aufklären.

Wüste

Eine Wüste gilt allgemein als trostloser Ort, wo kaum etwas wächst. Sie kann ein Symbol für die Angst vor dem Tod oder vor Unfruchtbarkeit sein. Doch eine Wüste kann auch versteckte Schönheit und unsichtbares Leben verkörpern, die der herkömmlichen Wahrnehmung verborgen bleiben. Denken Sie über die Umstände in Ihrem Traum nach, um festzustellen, was Ihnen diese Wüste bedeutet.

Wut

Ein Wutausbruch in einem Albtraum deutet darauf hin, dass Sie hinsichtlich kürzlich getroffener Entscheidungen zornig auf sich selbst sind. Wenn sich die Wut im Traum gegen jemand anderen richtet, hegen Sie einen Groll gegen diese Person. Sie werden sich bald damit befassen müssen.

Y

YouTube

Wenn Sie träumen, dass Sie auf YouTube öffentlich gedemütigt werden, bedeutet das, dass die Geschehnisse in Ihrem Leben öffentlich zur Schau gestellt werden. Wenn Sie im Traum besorgt sind, haben Sie das Gefühl, dass Teile Ihres Lebens, die Sie lieber verbergen würden, bloßgelegt werden.

Z

Zähne

Ein Albtraum, in dem Sie Zähne verlieren, kann eine wörtlich gemeinte Warnung zum Zustand Ihres Gebisses sein. Aber wenn Sie die jährliche Vorsorgeuntersuchung absolviert haben, sollten Sie überlegen, ob der Traum Ihnen etwas über Sie selbst sagen möchte.

Zähne werden zum Beißen benutzt. Wenn Sie keinen Biss mehr haben, verlieren Sie Einfluss. Verlorene Zähne können auch einen Gesichtsverlust oder ein beeinträchtigtes Selbstbild symbolisieren. Sie können auch eine Metapher für »lockere« oder unbedachte Äußerungen sein. Achten Sie auf andere Aspekte des Traums. Wenn Sie beispielsweise Ihre Zähne untersuchen, zeigt das, dass Sie in einer anstehenden Angelegenheit vorsichtig vorgehen. Zähneputzen deutet darauf hin, dass Sie um Ihre Position kämpfen müssen. Wenn Sie Ihre weißen Zähne bewundern, könnte Ihr Wunsch nach einer angenehmen Tätigkeit und nach Glück in Erfüllung gehen. Wenn Sie sich im Traum selbst Zähne ziehen und die Lücken mit der Zunge befühlen, verweist das auf Ihre Scheu vor einer Situation, in die Sie unmittelbar eintreten werden. Wenn Ihre Zähne im Traum nicht perfekt sind, ist Unbehagen über Ihr Aussehen und Wohlbefinden im Spiel. Wenn diese Auslegungen für Sie keinen Sinn ergeben, fragen Sie sich, was Zähne Ihnen bedeuten. Stehen sie für Einfluss? Für ein ansprechendes Äußeres? Aggressivität? Was genau erzeugt das Gefühl der Zahnlosigkeit?

Zaun

Ein Zaun im Traum könnte darauf hindeuten, dass Sie sich »eingezäunt« fühlen. Er kann blockieren oder schützen. Wer auf dem Zaun sitzt, kann sich wohl nicht zwischen hüben und drüben entscheiden.

Zerstückelung

Eine Zerstückelung in einem Albtraum steht für ein Zerlegen, bevor die Dinge wieder zusammengesetzt werden. Sie deutet ein Zusammenfügen der Puzzleteile des eigenen Lebens an.

Zigeuner

Die übliche Vorstellung von Zigeunern ist, dass sie niemals an einem Ort bleiben, daher können sie in Träumen Wanderschaft, Ruhelosigkeit und Bewegung ausdrücken. Wenn Sie auf einen Zigeuner treffen, kann das auch auf verborgene mediale Fähigkeiten verweisen.

Zoo

Ein Furcht erregender Traum, der in einem Zoo spielt, könnte mit dem Gefühl des Eingesperrtseins zu tun haben. Er könnte auch Chaos symbolisieren: »Hier geht es zu wie im Zoo.«

Zusammenbruch

Wer im Traum einen Nervenzusammenbruch erleidet, fühlt sich möglicherweise im realen Leben völlig überfordert und machtlos. Sprechen Sie mit jemandem, lassen Sie sich bei der Bewältigung Ihrer Aufgaben helfen. Wenn Sie träumen, dass Ihr Auto unterwegs den Geist aufgibt, sind Sie für eine anstehende Veränderung in Ihrem Leben nicht bereit, oder Sie machen sich Gedanken, dass Ihre Vorbereitungen ungenügend sind.

Zusammenstoß

Auf den ersten Blick mag ein Zusammenstoß im Albtraum beunruhigend, Furcht erregend und voller zerstörerischer Implikationen erscheinen. Träume von diesem Symbol müssen aber nicht unbedingt etwas Negatives bedeuten. Sie könnten für ein wichtiges Ereignis oder eine Leistung stehen. Zusammenstöße im Traum können auch etwas Überraschendes, Bemerkenswertes, Beachtenswertes repräsentieren.

Zyklop

Vorsicht bei Träumen von einem Auge – sie kündigen an, dass wachsame Feinde eine Chance ausfindig machen, Ihnen beruflich zu schaden. Träume von einem Einäugigen deuten auf Verlust und Schwierigkeiten hin, andere haben sich gegen Sie und Ihr Unternehmen verschworen.

Teil 3

Albtraumtagebuch

Glossar

Akasha-Chronik

Ein übersinnliches Buch, in welchem jede Tat, jedes Wort, jedes Gefühl, jeder Gedanke und jede Absicht jeder Seele im Universum verzeichnet sein soll.

Albtraum

Ein Traum, welcher im Träumenden Angst erzeugt.

Andere Seite

Die Welt der Geister und der Toten, welche nicht auf der gleichen Ebene der Realität existiert wie die normale Welt.

Bewusstsein

Die Oberfläche des Denkens; das Kommunikationszentrum, in welchem Gedanken und Ideen verarbeitet werden.

Das Unbewusste

Die dem aktuellen Bewusstsein nicht zugänglichen Inhalte; schließt das Unterbewusstsein mit ein.

DILD (Dream Induced Lucid Dream)

Trauminduzierter luzider Traum.

Future Pacing
Ein Begriff in der Hypnose, wird zur Vertiefung des veränderten Bewusstseinszustands eingesetzt, mittels einer Suggestion, welche eine positive Reaktion vorwegnimmt.

Geführte Bilder
Der Vorgang der Einleitung einer Trance oder eines veränderten Bewusstseinszustands.

Geistiges Auge
Bilder, welche über die fünf Sinne Sehen, Hören, Fühlen, Tasten und Riechen in der Fantasie erstehen.

Hypnagogie
Zustand zwischen Wachen und Schlafen.

Hypnose
Ein veränderter Bewusstseinszustand, in welchem das Unbewusste Suggestionen annimmt.

Luzid
Sich seiner Gedanken bewusst sein.

Luzider Traum
Bewusstheit während eines Traums.

Mantra
Ein Wort oder eine Phrase, welche ständig wiederholt werden, um das spirituelle Schwingungsniveau einer Person zu erhöhen.

Medial veranlagt
Die Fähigkeit, Informationen aus Quellen zu erhalten, die wissenschaftlich nicht nachgewiesen sind, etwa aus der Intuition oder aus übernatürlichen Quellen.

Medium
Eine Person, über welche die Verstorbenen mit den Lebenden kommunizieren können.

MILD (Mnemonic Induction of Lucid Dreaming)
Gedächtnis-induziertes luzides Träumen.

Realität
Etwas, dessen Existenz bewiesen werden kann.

REM (Rapid Eye Movement)
Die schnelle Augenbewegung ist in der letzten Phase eines Traums am stärksten.

Selbsthypnose
Die Einleitung eines Trancezustands bei sich selbst.

Suggestivkraft

Die Fähigkeit zu einer Suggestion, die andere ohne echten Beweis als real annehmen.

Traum

Sensorische Bilder, die ein Mensch während des Schlafs erlebt.

Unterwelt

Im Schamanismus ein Ort unter der Erde, an dem Krafttiere leben und wo die Menschen herkommen und wohin sie nach dem Tod zurückkehren.

Weiterführende Literatur

Castaneda, C.: *Die Kunst des Träumens*. Frankfurt am Main, S. Fischer, 1994.

Delaney, G.: *Breakthrough Dreaming: How to Tap the Power of Your 24-Hour Mind*. New York, Bantam, 1991.

Faraday, A.: *Die positive Kraft der Träume*. München, Droemer Knaur, 1996.

Faraday, A.: *Deine Träume – Schlüssel zur Selbsterkenntnis: Ein psychologischer Ratgeber*. Frankfurt am Main, Fischer Taschenbuch Verlag, 1991.

Garfield, P.: *Kreativ träumen*. München, Droemersche Verlagsanstalt Knaur, 1986.

Godwin, M.: *Der Traum: Ein Führer durch die Welt des Wachens und Schlafens*. München, Knesebeck, 1995.

Harner, M.: *Der Weg des Schamanen: Das praktische Grundlagenwerk zum Schamanismus*. München, Hugendubel, 1999.

Jung, C. G.: *Erinnerungen, Träume, Gedanken*. Ostfildern, Patmos Verlag, 2013.

Jung, C. G.: *Der Mensch und seine Symbole*. Ostfildern, Patmos Verlag, 2012.

Jung, C. G., und Hinshaw, R. (Hrg.): *Ein großer Psychologe im Gespräch: Interviews, Reden, Begegnungen*. Freiburg im Breisgau, Herder, 1994.

LaBerge, S.: *Hellwach im Traum: Mehr Selbsterkenntnis und*

Selbstbestimmung durch bewußtes Träumen. München, mvg Verlag, 1991.
LaBerge, S., und Rheingold, H.: *Träume, was du träumen willst: Die Kunst des luziden Träumens*. München, mvg Verlag, 2014.
Lewis, J.: *The Dream Encyclopedia*. Detroit, Visible Ink Books, 1995.
Maxmen, J.: *A Good Night's Sleep*. New York, Warner, 1981.
Michaels, S.: *The Bedside Guide to Dreams*. New York, Fawcett Crest, 1995.
Morris, J.: *The Dream Workbook*. New York, Fawcett Crest, 1985.
Perkins, J.: *Psychonavigation: Wie Sie Ihr Leben selbst bestimmen*. Wessobrunn, Integral Verlag, 1993.
Perkins, J.: *The World is as You Dream it: Shamanic Teachings from the Amazon and Andes*. Rochester, VT, Destiny Books, 1994.
Roberts, J.: *Gespräche mit Seth: Von der ewigen Gültigkeit der Seele*. München, Goldmann, 2001.
Roberts, J.: *Die Natur der persönlichen Realität: Ein neues Bewußtsein als Quelle der Kreativität*. München, Hugendubel, 2002.
Roberts, J.: *Seth: Dreams and Projection of Consciousness*. New York, Prentice Hall, 1987.
Sanford, J.: *Dreams and Healing: A Succinct and Lively Interpretation of Dreams*. New York, Paulist Press, 1978.
Ullman, M., Krippner, S., und Vaughan, A.: *Dream Telepathy*. Toronto, Macmillan, 1973.
Ullman, M., und Zimmerman, N.: *Mit Träumen arbeiten*. München, Deutscher Taschenbuch Verlag, 1994.

Villoldo, A.: *Die Macht der vier Winde: Eine Reise ins Reich der Schamanen*. München, Goldmann, 2009.
Villoldo, A.: *Island of the Sun: Mastering the Inca Medicine Wheel*. San Francisco, HarperSanFrancisco, 1992.
Kaplan-Williams, S.: *Durch Traumarbeit zum eigenen Selbst: Kreative Nutzung der Träume*. Interlaken, Ansata Verlag & P. A. Zemp [Schweiz], 1987.

Register